JN439502

이기형 시와 산문집

왕피천

- 그리움은 강물처럼 -

왕피천

이기형 시와 산문집

1판 1쇄 인쇄/ 2017년 1월 20일
1판 1쇄 발행/ 2017년 1월 25일

지은이 / 이 기 형
펴낸이 / 우 희 정
펴낸곳 / 도서출판 소소리

등록 / 제300-2007-21호
주소 / 03073 서울 종로구 성균관로 5길 39-16
전화 / 765-5663, 010-4265-5663
e-mail: sosori39@hanmail.net
www.sosori.net

값 12,000 원

*잘못된 책은 바꿔드립니다.

ISBN 979-11-5891-065- 5 03810

왕피천

이기형 시와 산문집

▶ 차 례

1.

2.

3.

4.

1.

중원에 흐르는 아리랑

하늘도 끝이 없고 땅도 끝이 없는 중원의 푸른 하늘을 날고 있다. 인천공항을 이륙하자마자 조종석에서는 기류가 순조롭지 못하다는 기내방송을 연거푸 보내기 시작한다. 모두가 혹시나 하면서 안전벨트를 조이며 목적지에 빨리 도착하기만을 기다렸다. 모처럼 찾아가는 흥분의 땅 중원은 가깝고도 먼 곳이지만, 즐거움보다는 불안으로 가득 찬 여행이 되고 말았다. 비포장도로같이 덜커덩거리기만 하던 4시간여의 비행 중에 항공기는 갑자기 앞뒤도 보이지 않는 시꺼먼 구름 속을 내리박힐 듯 하강하기 시작한다.

이윽고 푸른 대륙이 시야에 전개되고, 기내방송으로 여행 목적지 중국 계림국제공항에 곧 도착할 것이라는 반가운 음성이 흘러나오니 불안과 초조로 긴장했던 승객들의 얼굴에서 안도와 웃음이 번져 나오는 순간이다.

비행기는 황토색 짙은 활주로를 시원하게 미끄러져 내려앉았다. 이름만 국제공항이지 대기 중인 비행기는 전혀 보이지 않고 썰렁한 시골 비행장처럼 한산하기까지 했다. 입국수속을 위하여 공항검색대로 들어서자 어깨 위에 별자리 견장을 붙인 건장한 모습의 여자 공안원들이 말 한마디 하지 않고 여권에 입국 스탬프만 찍어댄다. 아마도 입국자들에게 친절한 첫 인상을 심어 주려는 당국의 배려인 듯해 보였다.

입국수속을 마친 우리 일행은 마중 나온 현지 가이드의 안내에 따라 대기 중인 승합버스에 몸을 싣고, 계수나무꽃이 흐드러지게 피는 땅 계림시내로 달리면서 중국 현대화의 물결을 실감했다. 90년대의 관광붐이 지난 곳곳에는 네모 반듯반듯하게 새로 지어진 주택이며, 고층 건축물들이 여기저기에서 우리를 맞아주었다.

차창 밖으로 펼쳐지는 상록의 계림은 아름다운 자연으로 휩싸여 있어 그 옛날부터 시성과 화가들에게 시와 그림의 소재가 되었던 계림산수갑천하(桂林山水甲天下)가 대형 병풍 속의 그림으로 펼쳐지고 있다. 가이드는 도착이 계획보다 빨랐으므로 시내 가까운 곳에서부터 중국 첫날 관광을 시작하자고 한다. 도화강과 이강(灕江)이 합류하여 남쪽으로 흘러 나가는 지점에 상비산(象鼻山)이 있으니 먼저 그곳으로 가보자는 것이다. 이 산은 형태가 코끼리가 코를 물속에 담그고 있는 것과 꼭같다고 하여 상비산이라고 부른다고 했다.

다음으로 향한 곳이 북파산이다. 이강의 서쪽 연안에 있는 산으로 계림시내를 한눈에 내려다볼 수 있는 곳이란다. 쏟아지는 따가운 햇살로 흠뻑 땀에 젖은 우리는 몇 컷의 기념사진만을 남긴 채 첫날의 관광일정을 마치기로 하였다. 그러나 여행하는 우리의 시간은 금쪽보다 귀하기에 더위만 식힐 수 있다면 계림의 얼굴을 더 많이 익히고도 싶었다. 숙의 끝에 시내 대극장에서 개봉 중이라는 '몽환이강' 쇼를 관람하면서 더위를 식혀보기로 했다.

이강을 무대로 펼쳐지는 테마가 무대와 조명, 눈부신 의상, 그리고 고난도의 발레예술을 한데 묶어 환상적인 공연을 기획한 중국 남방예술이다. 하늘과 안개 속에서 사라지는 그림 속의 산봉우리, 기암절벽, 강물에 비친 노 젓는 어부의 모습들, 모두가 파란 이강(灕江)을 그려놓은 멋진 정경이었다.

계림에서 하룻밤을 보낸 우리 일행은 중국여행에서 백미라 할 수 있는 이강유람을 뿌리칠 수는 없었다. 저 멀리 바라보이는 기묘한 산봉우리들, 부부의 안타까운 이야기를 안고 있는 망

부석(望夫石), 선명한 색실로 자수를 놓은 것 같은 수산(繡山), 이렇게 끊임없는 기암절벽이 시야를 홀린다. 사시사철 계절 따라 아름다움을 더하고 파란 하늘 그리고 안개 속에 묻혀진 신비로운 산봉우리가 강물에 비쳐진 자연이 되어 유유히 흐르는 이강물이 우리의 가슴속을 적셔준다.

우리 일행의 여행 목적지는 장가계. 계림에서 장가계로 이어지는 항공편은 없다. 저녁 11시 장가계로 떠나는 야간열차를 타기 위하여 '유쥬'로 2시간여 차량으로 이동해야 한다. 생소한 중소도시 유쥬는 김구 선생께서 독립운동을 위하여 일시 활동했던 역사 속의 도시이기도 하다.

너무 밤늦게 유쥬에 도착하다보니 도시경관은 차창 너머로 바라볼 뿐 숨은 역사의 흔적들은 찾아볼 엄두도 낼 수 없었다. 오늘 밤은 중국 야간열차를 타보는 순간이다. 불빛 하나 찾을 수 없는 8시간의 지루한 여행 끝에 드디어 호남성 서북부에 위치한 장가계에 도착했다.

장가계는 비에 젖은 안개 속에서 한국에서 찾아온 우리 일행을 반갑게 맞이해 주었다. 장가계는 중국 국가 제일의 산림공원으로 지정된 무릉원(武陵源)이 자리한 곳이다. 그 면적은 263평방킬로미터의 광활한 원시림으로 가득한 명승지다.

이곳은 약 3억 8천 년 전까지 바다였지만 지각운동으로 해저가 육지로 솟아올라 이루어진 지형으로 오랜 기간 풍화와 침식 등의 과정을 거치면서 오늘과 같이 깊고 수려한 협곡으로 조성되었다고 한다. 신의 조화로 이루어진 기이한 봉우리와 자연절경, 맑은 계곡이 무릉원을 조성하게 되었단다. '예부터 사람이 태어나서 장가계를 가보지 않았다면 100세가 된들 어찌 늙었다고 할 수 있겠는가?(人生不到張家界 百歲豈能稱老翁)'라는 말이 남아 있다.

안개 속에 비가 내리는 협곡을 따라 모노레일을 타고 십리 회랑길을 달렸다. 협곡의 양편에 수많은 산봉우리들과 암석들이 각양각색의 자태를 보이고 있으니, 거대한 산수화를 또 한 번 연상시킨다.

천자산 공원구역 안 산책로를 쫓아 따라가면 눈앞에 전개되는 세 개의 봉우리가 하늘을 가리키고 있어 높고 낮음이 들쭉날쭉하여 조화를 이룸이 차라리 신기롭기만 하다. 흙이 없는 바위산에 푸른 소나무가 자라서 마치 붓을 거꾸로 꽂아 놓은 듯하여 어필봉이라는 이름을 붙였다고도 하니 여기에도 만물상이 조성된 공원인 듯싶다. 뿐만 아니다. 수천 개의 봉우리가 바다를 이루는가 하면, 원가계 풍치지구에서는 아름다운 절경에 정신을 잃고 만다는 미혼대와 아찔한 300미터의 절벽에 커다란 바위 둘이 길이 20미터의 다리를 만들어준 천하 제일교 등을 맞이하면서 잘 다듬어진 등산로를 따라 산을 내려오노라면 백룡 엘리베이터를 만나게 된다. 공원 안에 설치되어 있는 이 엘리베이터는 고도가 313미터인데 156미터는 산 속의 수직 동굴이고, 171미터는 산채에 붙어있는 관광전용 강철구조로 세계에서 제일 높고 제일 빠르다고 한다.

오늘은 이번 여행의 백미라 할 수 있는 천문산을 마지막으로 관광키로 했다. 올림픽을 앞둔 베이징 정부는 열심히 국토를 가꾸려고 관광지마다 사력을 다하여 가꾸었다. 환경을 개선하려는 발전의지를 정책으로 채택하고 있는 현장을 직접 확인할 수가 있었다. 공원길 산책로에는 안내판이 빠짐없이 세워졌다. 위험지역에는 주의 표지판을 설치해 두었을 뿐만 아니라, 유선방송으로 즐거운 경음악까지 보내주고 있으니 국가발전을 모색하고 있는 적극적인 신뢰도 찾아볼 수 있었다.

비록 가는 곳마다 현지 토착 어린이들이 과일을 팔며 살아가는 비참한 모습도 엿보였지마는 그들의 생활 속에 묻어있는 '천원'이란 한국말이 영어처럼 번져 국제어로 퍼져나가고 있음을 알려 주었다. 이렇게 우리의 국력이 발전하고 뻗어가는 모습을 볼 때 마음 한 구석에는 한국인의 오늘이 자랑스럽기까지 여겨졌다.

해발 1,518미터인 천문산은 장가계 시내 가까이에 위치하고 있기에 천문산 관광전용 케이블카로 영산을 오를 수가 있었다. 케이블카로 오르는 발아래에는 이곳 시민들의 생활상이 잘 보였다. 농가를 지날 때에는 모심기에 일손이 모자라 미처 모를 내지 못한 농부의 가슴도 헤아려졌다. 시내에서 8킬로미터 거리에 위치한 영산이기에 장가계 시가 역점사업으로 개발하고 있는 관광지임에 틀림없었다.

천문산은 사방이 절벽으로 되어 있었고, 봉우리는 하늘에 닿을 듯, 그 기세 하늘을 찌르려는 듯 장대하기만 했다. 천문산을 오르는 중간지점에서 버스를 갈아타고 곡예사만이 갈 수 있다는 꾸불꾸불 가파른 180도 급커브 굽이 길을 99번이나 돌고 돌아 오르고 나니, 숨찬 버스도 쉬어갈 수밖에 없는 듯 천문동상천제(天門洞上天梯) 광장에서 멈추었다.

아직도 걸어서 올라야 할 999계단의 천문동이 하늘 위에 자리하니 힘겨워 더 이상 오를 수가 없다. 1천 미터의 절벽에 아슬아슬하게 걸려있는 천문동은 남북으로 관통되고 높이 131미터, 너비 57미터, 깊이 60미터에 이른다. 구름 위에 걸려있는 천문동은 동굴 사이로 구름이 피어오르고 짙은 안개가 감돌아 하늘나라로 통하는 관문과도 같은 곳이라지만, 더 이상 오를 수 없어 천문동 올라가는 중간 계단에 주저앉아 커피를 마시며 아리랑을 청하니 오는 이마다 쉬지 않고 아리랑을 신청한다. 우리들은 서로가 얼굴은 달라도 만나는 이마다 한국인이니 장가계는 한국의 휴양도시, 흘러나오는 가곡도 아리랑이다.

아아! 높고 깊은 영산에도 아리랑은 고요히 온 산천을 적시고, 우리의 가락은 국경을 넘어 찾아오는 관광객들을 즐겁게 맞아주고 있었다. 이렇게 어디를 가나 쉬지 않고 한류는 흐르고 있다. 자랑스러운 한국인임을 가슴에 안고 하산 버스에 몸을 실었다.

영등포 사람들

4월은 아파트 울타리를 새빨갛게 불바다로 만들어 준다. 봄마다 찾아오는 불나비가 향긋하고 싱그러운 정취를 뿌리며 날아간다. 골목길 따라 목련이 하얗게 나비처럼 봄소식을 전한다. 계절의 전령, 하얀 목련이 나에게 알려주는 고마운 인사장이다. 새 생명보다 반가운 손님은 없다. 훈훈한 남풍이 볼록볼록 햇순을 땅 밖으로 밀어 올리고 있다. 반가움이란 변함없이 땅 속에서 솟아오르나 보다. 봄을 찾아 골목길을 걸어본다.

봄맞이 청소가 때를 만난 듯 아낙들이 여간 바쁘지 않다. 까맣게 잊혀진 나의 행운이 찾아왔다. 고양시 행신동에서 직장도 없는 사람이 서울나들이를 위하여 3호선 전철을 탔을 때의 기억이다. 꿈같은 행복을 찾을 수 있는 '꿈마을' 조성 광고가 나의 시선을 사로잡았다. 나는 나의 의식 속에 떠나온 서울을 그리는 수구초심(首丘初心)이 발동되어 광고지에서 가장 가까운 옆 자리까지 옮겨 앉았는지도 모를 일이다. 당시 나는 아들의 혼사문제로 서울 둔촌동 아파트를 정리하고 신도시 고양시로 이사를 간지 얼마 안 된 때의 일이기 때문에 내 마음 한구석에는 언제라도 서울로 다시 돌아가야 한다는 사명감 같은 것이 가슴속 깊이 숨어 있었다. 때문에 아파트 신규 분양광고만은 여간 매력적이지 않을 수가 없다.

새벽 눈을 부비며 부랴부랴 영등포 변신의 꿈이 실현된다는 아파트 분양광고 현장을 묻고 물어 찾아갔다. 간신히 찾아간 현장은 철제 차단막으로 둘러쳐진 울타리 속이었다. 울타리 안에는 IMF로 직장을 잃었거나 보금자리를 빼앗긴 가난한 삶에 보탬이 되면 무엇이든 해보려고 인파가 구름같이 모여들었다. 그 속에는 일확천금을 노려 기획부동산으로 변신한 사람들, 당첨만 된다면 아들의 학비라도 벌 수 있다는 구멍가게 아주머니도, 엇그제 시집간 이웃집 새색시도 모두 모두 허름한 몸빼 바지차림으로 잽싼 부동산 투기꾼이 되어 득실거리는 아비규환의 현장이었다.

새로 아파트가 지어질 공터에는 지난날 크라운맥주가 시원스럽게 콸콸 쏟아져 나왔던 대형 맥주탱크마저 버려진 채 동그마니 굴러다니고 있었으니, 여기에서 비행접시 닮은 행복의 '꿈마을'이 조성될 징조는 어디에서도 찾아보기가 어려웠다. 그래도 선착순 분양이라는 소문 때문인지 아예 모델하우스 구경도 하지 아니하고 줄부터 서놓고 보자는 실속파도 적지 않았다. 그러고 보면 나도 얼른 줄이라도 서야지 이렇게 느린 동작으로는 이 대열에 끼어들기도 힘들 것만 같았다. 서울근교에서 집값이 가장 싸다고 소문난 고양시 행신동까지 밀리고 밀려서 쫓겨나온 나에게 다시 행운이 찾아주지 않는 한 서울로 돌아갈 기대는 없었다.

모처럼 찾아온 기회임에도 시원한 묘안은 좀처럼 떠오르지 않았다. 이제 성실하게 하나님께라도 열심히 기도드리며, 오늘에 만족하는 겸손으로 살아가야지 하면서도 마음은 얼른 돌아서주지 않았다. 신축 아파트분양 기회는 나의 분수를 넘어선 허욕일까? 이렇게 중얼거리며 혼자만을 위한 변명도 씹어 보았다.

때는 IMF로 경제혼란이 휘몰아치던 엄동설한에 겨울 보내기가 힘들었던 시기였으므로 너도 나도 조그마한 방 한 칸이라도 차지해 보려고 대우라는 커다란 간판만을 믿고 분양신청 인파는 크라운 맥주공장 부지가 터져 나갈 듯 구름처럼 현장을 메우기 시작했다. 따라서 수많은 사람들은 선착순 질서를 지킨다며 두 줄 석 줄로 줄을 서고 서로가 서로를 밀어내며 서 있던 자리마저 다른 사람에게 빼앗길세라 지새운 몇날 밤은 살얼음판 생존경쟁의 현장이었다.

밤샘으로 지친 아저씨 한 분도 직장 출근을 위하여 대기 중인 가족과 아침교대를 서두르고 있는 눈치였다. 온 가족이 총력전을 방불케 하며 자리 지키기에 혈안이 되고 있었지만 1999년 연말의 혹한은 노인들을 분양대열에 서기조차 어렵게 만든 엄동설한이었다. 그래도 이곳에 모여든 늙은이나 젊은이 모두가 신축 아파트 분양만 받으면 팔자를 고칠 것 같은 들뜬 기분 속에서 분양현장은 가려진 아비규환의 실상 그대로였다.

그러나 사람이 살고 있는 곳은 언제나 혼란은 잠시, 질서는 회복되기 마련, 아파트 분양 접수는 조용히 이루어져 나가고 있었다. 모처럼 찾아준 이번 기회는 하늘이 나에게 내려준 놓칠 수 없는 최고의 선물이다. 들뜬 눈으로 며칠을 기다려 왔는데 '지성이면 감천'이라던 옛말도 이러한 경우를 두고 한 말인 것 같았다. 어려움 위에 찾아준 꿈같은 행복의 순간이 나에게도 찾아온 것이다.

여러 날 애간장 태우며 초조하게 나를 기다리고 있는 가족들에게 우선 현지 실정만이라도 알려주고 싶었다. 초조한 나머지 나의 조급한 마음은 벌써 전철 3호선에 실려 행신동으로 달려가고 있었다. 전철 안에서 앉지도 못하고 집으로 돌아온 나는 가족들에게 어엿하게 사람이 살다보면 힘든 날도 즐거운 날도 있겠지만 희망을 가지고 무언가를 기다리며 살아간다는 매력이 '생에 보람을 찾는 행복한 순간'이라고 힘주어 집안 분위기를 사로잡기도 했다.

어느덧 겨울이 가고 또 다시 새 봄이 찾아와서 머물다 간 자리에는 세월도 숨소리마저 죽인 채 고요할 뿐, 골목골목마다 그때 아우성치던 그 얼굴들이 고마운 이웃으로 살아가며 '꿈마을'을 함께 키워가고 있다. 이것이 우리들의 모습이요, 우리들의 오늘이다.

지나간 날은 모두가 서로의 이름도 모르고 얼굴 한 번도 마주한 적이 없었기에 서로를 경계하고 아우성치며 분양권에서 멀어지지 않으려고 자리 지키기에 혈안일 수밖에 없었던 사람들이다. 이제 사랑이 넘치는 따스한 봄소식을 가슴에 안고 녹음이 짙어오는 아파트 골목길을 걷고 있다. 뾰족뾰족 파랗게 솟아오르는 새싹들이 봄맞이에 바쁘다.

번져오는 꽃향기와 밀려오는 봄바람에 이웃마다 서로서로 나누는 아침인사가 오랫동안 헤어졌던 동기를 만나는 반가움으로 가득한 기분이다. 이제껏 움츠리고 겨울을 살았던 이웃들이 여기저기 체력 단련을 위하여 아침 조깅을 하고, 맨손체조에 열중하기도 한다. 그리고 버려진 담배꽁초를 줍는 노인들, 도로변

화단을 가꾸며 물을 주는 할머니들, 모두가 '꿈마을' 가꾸기에 즐거운 이웃들이다.

새벽부터 단지 안 영원초등학교 정문 앞에는 등교하는 어린 새싹들을 위하여 단정하게 교통정리 지도복을 입고 깃발을 들고 열심히 호루라기를 불어가며 교통정리를 하고 있는 아주머니들의 봉사정신과 계도의식이 믿음직스럽기까지 하다.

이제는 얼굴마다 밝은 웃음으로 승강기 안에서도 아침저녁 만나는 이마다 늙은이는 젊은이를, 젊은이는 늙은이를 존경하고 사랑하며 정다운 이웃이 되고 있으니 항상 반갑고 즐거움이 넘쳐흐르는 마을이 되어 가고 있다. 오늘도 담장 따라 푸르게 얽혀 있는 담쟁이 넝쿨을 지켜본다. 생명이 있는 곳에 봄이 있다. 뿌리를 담벼락에 찰싹 붙이고 날마다 하늘을 향해 노래한다. 싱그러운 여름이 지나고 싸늘한 가을을 마중하니 이슬 머금고 살아가는 풍성함이 '꿈마을'의 얼굴이 되고 오늘이 된다. 겨울이 가고 또 다시 봄이 오면 장미꽃이 새빨갛게 피어나리라. 해마다 여름 내내 백일홍이 온 마을을 붉게 물들일 것이다. 언덕 위 도림성당의 저녁 종소리가 들려온다. 두 손 모아 기도를 한다. 행복한 내일을 위하여.

환상의 홍도(紅島)

누구나 한 번쯤 가보고 싶어 하는 섬 '홍도'를 관광하게 된 것은 행운 중의 행운이었다. 목포에서 2시간 30분이면 도착할 수 있다는 쾌속 관광선에 우리 일행은 몸을 실었다. 뱃고동 소리와 함께 애틋한 '목포의 눈물'이 흘러나온다. 해상국립공원에는 수백 개의 크고 작은 섬들이 파란 융단 위에 진주를 뿌려놓은 듯 아름답게 펼쳐져 있다.

배는 다도해의 크고 작은 섬들을 이리 들르고 저리 들르며 은 코발트색 바다를 쏜살같이 빠져 나간다. 파도가 부서지는 이 뱃길은 그 옛날 바다를 호령했던 '장보고'의 무역선이 지나간 자리이다. 그러기에 섬들마다 조용히 엎드려 고개 숙여 있는 듯한 모습은 실로 노래며 그림이다. 친구들과 갑판에 앉아 술 한 잔을 주고받으며 이야기하는 사이에 드디어 유배지였던 흑산도를 지나 목적지 홍도 선착장에 닿았다. 객실 확성기에서는 하선을 알리는 안내 방송이 흘러나오기 시작한다.

"여기는 여러분의 여행 목적지인 홍도입니다. 홍도는 섬 전체가 천연기념물로 지정된 다도해 해상국립공원이므로 마을 외에는 입산출입이 금지되어 있으니 여행을 마치고 돌아가실 때까지 돌멩이 하나, 풀 한 포기라도 채취 반출할 수 없다는 점을 명심하시고 행동해 주시기 바랍니다."라는 내용이었다.

우리 일행은 선착장에 내려 현지 안내자를 따라 숙소로 향했다. 오는 날이 장날이라고, 때마침 태풍경보가 내려져, 관광차 찾아온 우리 일행의 발목을 묶어 놓았다. 폭풍을 예고라도 하듯이 바다는 벌써부터 바람이 거칠게 불고 있었다. 해가 지기까지는 두어 시간의 여유가 있었기에 홍도 1구 마을에서 멀지 않은 곳에 있다는 해수욕장을 찾기로 했다. 홍도초등학교 뒷길을 따라 고개를 넘으니 바로 그 아래에 해수욕장이 있었다.

모래 대신 주먹만한 몽돌로 이루어진 해수욕장이 600여 미터가 넘게 멀리 이어져 있다. 해변은 경사가 심하여 발을 옮길 때마다 와르르 흘러 내려가는 몽돌들이 걸음을 걷기조차 어렵게 하였다. 우리 일행은 검붉고 둥근 달걀 같은 몽돌을 깔고 앉아 낙조가 그려내는 저녁노을의 극치를 만끽하면서 점점 세차게 밀려오는 파도소리와 휘파람같이 불어대는 바람소리를 들으며 넋을 잃은 채 성난 바다만을 바라보고 있었다.

해수욕장에는 어둠이 찾아오고 하늘에는 반짝이는 수많은 별들이 쏟아져 내렸다. 밀려오는 파도에 몽돌들은 몸을 비비며 신비한 소리로 무언가 사랑을 속삭이고 있는 듯했다. 오늘 이 밤만은 가졌던 욕심도, 숨겼던 비밀도, 못다 한 사업까지도 다 잊어버리고 새롭게 맞이하는 내일을 위하여 아름다운 추억을 심어 놓고 돌아가야지 하고 내심 다짐하면서 숙소로 돌아왔다.

들뜬 기분으로 밤을 새웠건만, 아직도 폭풍은 가시지 않았다. 홍도에서 또 하루를 보낸다면 당초 계획이 틀어질 수밖에 없다. 주머니 사정도 문제려니와 홍도 관광도 엉망이 되어 버릴 수밖에 없기 때문이다. 아침부터 은행이나 농협이라도 찾아볼 생각으로 마을을 여기저기 돌아보았더니 다행히도 농협출장소가 있음을 발견했기에 마음을 놓을 수가 있었다. 그렇지만 흑산도 관광이 뜻대로 되지 않을 것 같아서 모두들 걱정이었다.

저녁 무렵이 되니 바람도 잦아들고 파도도 조용해져 내일은 홍도 10경만이라도 보고 돌아갈 것 같은 희망이 비치기 시작했다.

하늘이 우리를 도와준 탓일까? 이틀 밤을 보낸 우리는 이른 아침부터 부산하게 선착장으로 나갔다. 드디어 관광이 시작되었다.

천연의 조화를 간직한 섬 '홍도', 홍도는 남북의 길이가 6.7킬로미터, 동서의 길이가 2.4킬로미터로서 누에 모양을 하고 있는 본섬과 20여 개의 무인도 등으로 이루어져 있다고 한다. 이곳 주민들은 1990년 이후부터 내연발전소가 새로 세워져서 TV, 냉장고 등 가전제품을 자유롭게 이용할 수 있게 되었으며, 항로개설 이전까지는 돛단배로 목포까지 보름이나 걸려 쌀, 보리, 비누, 신발과 같은 일용품을 구해 가지고 왔단다. 기상 조건이 나쁠 때에는 한 달이 걸릴 때도 있었다고 한다.

항로가 개설되면서부터 관광 비수기에는 하루 2번, 성수기에는 하루 10번 정도의 쾌속 관광선이 운항하게 되었으므로 생활환경은 점차 개선되고 있었지만, 빗물을 받아 식수와 생활용수로 사용해 왔기에 홍도 관광을 기피하는 경향도 있었다 한다. 그러던 것이 1995년 이후부터 암반수가 개발되었고 해수를 담수화하는 담수화 시설이 가동된 이후부터는 물 걱정은 말끔히 사라졌다. 이렇게 생활환경과 해상 교통이 개선되면서 홍도는 명실상부 관광지로서 각광을 받기 시작했다.

홍도는 수만 년을 비바람과 거센 파도에 씻기고 깎이어 오늘과 같은 절경을 이룬 천혜의 비경으로서 붉고 붉은 보석처럼 빛나는 섬이 되었다. 홍갈색의 기암괴석과 해식, 동굴들이 쪽빛 바다를 배경으로 해안을 이루었고, 하나하나 자연이 빚은 최고의 걸작품이기에 오늘의 관광 명소로 알려지면서 관광객이 끊이지 않는다고 한다.

관광 성수기에는 섬 전체가 선남선녀의 거리로 인산인해를 이루고 있어 골목마다 트로트 음악과 현란한 네온사인 불빛이 관광객들의 달아오른 정열을 더욱 뜨겁게 한다.

홍도가 붉은 섬이라는 이름으로 불리게 된 사연이 있다. 동백꽃이 필 무렵이면 꽃이 온 섬을 뒤덮고 석양에 물든 적갈색의 암벽들이 함께 어우러져 붉게 보인다고 하여 홍도(紅島)라는 이름을 붙이게 되었다고 한다.

특히 홍도 해안선 일대에 산재하고 있는 크고 작은 무인도와 깎아지른 듯한 절벽과 아기자기한 기암괴석들로 이루어진 해벽미를 감상하면서, 흙 한 줌 없는 바위틈에서 수백 년 동안 뿌리를 내리고 분재같이 자생하는 노송들은 그야말로 장관이다. 둘레가 2미터가 넘는 동백나무와 홍도를 대표하는 무엽란과 나도풍란들, 짙푸른 바다 속은 수정 같이 맑다.

10미터 해저 속에 헤엄쳐 다니는 물고기가 훤히 들여다보여 수족관을 보는 듯한 청정 해역의 신비를 그대로 보여 주고 있다. 홍도 십경의 관문에서 우리 일행을 반갑게 맞이하고 있는 성모상을 지나 해상 관광의 절경이 시작되는 행운의 남문을 지나니, 금방 바다로 뛰어들 것만 같은 거북 바위며, 홍도의 절경을 아름다운 병풍으로 수놓은 듯한 병풍바위와 기화요초 만발

한 동굴 속에서 가야금의 선율에 도취되어 일생을 굴 속에서 보냈다는 한 선비의 고사가 담겨 있는 실금리굴, 그리고 낙조에 물들어 오색찬란한 동양 최고의 일몰을 그려내는 석화굴과 저 만치 절벽 기슭에서 섬사람들의 뱃길을 안내하고 있는 명물 등대며, 하늘을 날아오를 듯한 웅장한 자태의 천마상의 비경은 말이나 글로 표현하기 어렵다. 이곳저곳의 전설을 들으면서 출발지인 선착장에 도착하니 벌써 두 시간 반이 지났다.

'자연은 위대하다. 홍도는 아름답다. 암벽에는 한 줌의 흙도 없었다.'

그저 바위산일 뿐이다. 그래도 생명을 부지하려고 소나무는 소나무대로, 동백나무는 동백나무대로, 풍란은 풍란대로, 서로서로가 군락을 이루며 살아가고 있다. 물기가 아쉬우면 비 올 날을 기다리고, 기다리다 지치면 바위틈새를 파고들어 실뿌리라도 내리고 또 내려서 물기를 찾아내어 생명을 부지한다. 실로 생존이란 준엄한 것을 말해 준다.

홍도의 자연은 이렇게 풍랑과 싸우며 생명을 유지하고 살아간다. 해가 가고 계절이 바뀌면 동백은 온 산천을 붉게 물들이고, 녹음이 짙어오는 유월이 오면 원추리도 제 몸에 노란 물감을 뿌리고, 여름 더위가 바위산을 달구면 풍란은 풍란대로 그윽한 향기를 풍긴다.

목포에서 4백리 뱃길이라 인적조차 드물었던 홍도다. 그 외딴 섬 홍도, 천왕산 깃대봉에는 사시사철 녹음에 뒤덮인 당산림 구실잣나무와 동백림 숲속에는 이름 모를 새들과 나비들이 춤을 추며 이 섬을 찾아오는 관광객들을 맞이하고 있다.

아! 홍도의 붉은 동백꽃, 그리고 유월이면 다투어 피는 노란 원추리꽃, 외롭게 향기를 자아내는 그윽한 향란들은 이 섬을 지키는 얼굴이요, 강인한 삶의 표상이 아니랴!

도칠흡재

아버지는 지게 고임대를 낫으로 곱게 다듬으셨다. 바다가 찰랑대니 몽돌 구르는 소리도 솨아아, 와르르 속삭였다. 입춘은 지났어도 바람결은 몹시 차가웠다.

겨울을 이기고 나온 밭보리, 논보리는 모두 해동(解凍)이 되기 전에 분뇨시비(糞尿施肥)를 해서 충실하게 잘 자라도록 일찌감치 생육관리를 해두려는 것이다.

겨우내 뒷간에 모아 두었던 분뇨는 보리밭으로 내고 뒷간 청소도 깨끗이 하여 집안 분위기도 전환하는 것이 남자들이 해야 할 몫이기 때문이다. 그래서 아버지는 지게와 지게 고임대를 곱게 다듬었던 것이다.

아직도 재(嶺)마루에는 찬바람이 가슴팍으로 파고드니 이른 봄 보리밭 시비(施肥)가 때맞춤인 듯도 싶다. 코를 찌르는 분뇨통(糞尿桶)을 지고 재를 넘어 들녘으로 가는 일이 비록 힘든 일이라 할지라도 농사꾼의 아들로 태어난 나로서는 피할 수 없는 당연함인 것이다.

모처럼 햇볕이 따스하니 검푸르게 시들었던 보리싹들도 분뇨 시비 덕분에 생기를 찾은 듯싶다.

항시 들녘 보리밭에 시비를 할 때에는 분뇨통을 지게에 지고 도칠흡재(到七吸嶺)을 하루에도 몇 차례 넘나들어야 한다. 예부터 무거운 짐을 지고 재를 넘기가 힘이 들어 몇 번이고 쉬고 또 쉬며 재를 올랐기 때문에 이 재를 이름하여 '골병재'라고 불렀다 한다.

특히 농사일을 많이 하는 여름철에 무거운 짐을 지고 이 재를 오르고 나면 정상 지점에서는 시원한 바람이 불어준다. 온몸을 적셨던 땀방울을 깨끗이 씻어준다. 추운 겨울 고개를 넘을 때면 살갗을 오려내는 매서운 칼바람은 범보다 무섭기도 했다.

그러기에 가옥은 추위를 피하여 배산임수(背山臨水) 동남향(東南向)으로 마련하고 전답은 시원하게 불어오는 바람을 쫓아 들판에서 농사일이 쉽도록 하였으니 그 생존을 위한 농부로서의 지혜가 돋보이기도 했다.

농사로 생업을 유지할 수밖에 없는 농부들은 우수 경칩만 지나면 아무리 바람이 차더라도 안방에 주저앉아 있지를 못한다.

자연은 말이 없어도 계절을 따라 선생님처럼 인간을 가르치는 것이다. 바람이야 차더라도 보리밭은 푸르고 하늘 높이 종달새 날아도 알을 품는 어미 마음 불안하기만 하다. 저 건너 산 등성이에는 솔 포기 밑을 파고들어 알을 품고 있는 암꿩을 위하여 푸더덕거리며 울고 있는 장끼가 있다.

어쩌면 우리들 인간보다 계절을 먼저 알고 종족번식과 생존의 지혜를 보여주고 있는지도 모른다. 자연의 순리 앞에 고개 숙이지 않을 수 없다.

들녘은 아직 차가운데 하얀 무명저고리 동네 어른들은 벌써 논에서 밭에서 엎드려 쟁기질을 하고 있다.

농사를 지으며 자자손손 둔산 땅에 사셨던 선조들은 도칠흡재를 쉬지 않고 분주하게 넘나들면서 농사는 생명이요, 자자손손 이어갈 하늘이 주신 유업이라고 신명을 바쳤다.

그러기에 할아버지가 지셨던 지게와 쟁기는 아버지께 물려주시고 또 다시 손자인 나에게로 대물림하였다. 이렇게 소중한 유산으로 후손들에게 물려주신 지게와 쟁기 그리고 초가삼간이 이제는 나의 고향이 되고 향수가 되어 고이고이 모셔져 있다.

그러나 손자인 나는 선조의 그 고귀한 유업을 끝까지 지키지 못하고 멀리 서울로 떠나오고야 말았다. 유업을 지키지 못한 후

손으로서 죄인 같은 심정이 들었다. 변하는 세속 앞에 가슴만 미어질 뿐이다.

여름이 오면 피서를 핑계 삼아 망양해수욕장을 찾아 추억으로 아롱거리는 고향집에 가는데 찌들었던 애환의 도칠흡재를 그려본다.

불어오는 봄바람 속에 때로는 어머니의 시집살이 콧노래가 애환이 되고 할머니가 손자 키우시며 구성지게 불렀던 자장가가 온 들녘으로 울려 퍼질 때 흐르는 가락이 귀에 젖은 향수가 되니 모두가 우리 가슴속에 얽히고설킨 실타래가 되었다.

아버지는 쟁기를 잡고 어머니와 나는 소가 되어 쟁기를 끌며 보리밭에서 북을 돋우면 수정같이 반짝이던 이슬은 흔적없이 사라지고 하늘 높이 솟아 오른 햇살만이 머리 위를 따갑게 내리쬐고는 하였다.

저 멀리 장터에서 들려오는 밀레의 교회당 종소리가 정오를 알려준다. 신나게 울어주던 종달새의 울음도 그친 지 한참이다.

감자꽃이 하얗게 파랗게 곱게도 피어오른다. 아지랑이도 보리밭이랑 속으로 숨어드니 풍요로운 들판에는 풍년으로 가득한 행복을 안겨준다.

들판 저 건너 어딘가에서 들려오는 '이무기'의 울음소리가 고요한 들판에 메아리치니 금년에도 풍년이 찾아올 것만 같은 풍성함이 이 가슴을 가득 메운다.

언제나 자연을 하늘같이 받들고 섬기며 살아온 농촌은 농자천하지대본으로 삶을 이어왔기에 새봄은 선조들의 신념과 의지가 심어져 있다. 그리고 나의 봄이 숨 쉬고 있다.

언제나 보리가 무성히 자랄 때면 생각나는 추억이 있다. 사랑이 애틋하기는 사람이나 짐승이나 마찬가지인 모양이다.

가까이서 힐끗힐끗 곁눈질을 하며 송아지를 지켜보는 어미소의 모정인들 무엇이 다를쏜가?

보리밭 시비를 마치고 어머니의 거친 손을 맞잡고 도칠흡재를 오르며 재잘거렸던 한때의 즐거운 행복이 머릿속에 잠자니 이제는 사라진 구름인 것을….

회상해 보면 보리풀이 물결처럼 출렁이던 어느 봄날 자식 중 어린 막내여동생만 끝까지 챙기시더니 샛바람이 지동 치듯 불어오는 해변을 따라 꼬부라진 산길을 황급히 올라가셨다.

시간을 거슬러 올라간 듯 어디선가 할아버지의 음성이 들려온다.

'형아, 너는 외롭지 않다. 그리운 것들은 언제나 산 너머 구름처럼 살다가 들꽃 향기에 실려 사라진단다.'

달려도 좋고 멈추어도 좋은 왕피천 강변을 걸어가노라면 강 건너 친환경 엑스포행사장 송림에 묻혀버린 수많은 인파들의 즐거운 아우성들이 들려온다.

아아, 망양정(望洋亭)은 계절이 가도 울진대종(蔚珍大鐘)과 함께 저 푸른 바다처럼 변함없이 푸르고 영원하리라.

선영을 찾아서

해마다 시월이 오면 지난 1년 간 잊었던 선조들의 묘소를 찾아간다. 나의 선조께서 울진(蔚珍)땅 말래(斗川)를 영구 정착지로 하여 입향(入鄕)하였으니 때는 이씨조선 영정조라 지금으로부터 약 3백여 년 전의 일이다.

지금은 심산오지로 찾는 이가 드물지만 선조께서 입향하셨던 당시는 경북 봉화, 소천이 지근(至近)에 있었기에 봉화, 소천 5일장을 오갔던 바지개꾼(당시의 보부상)에게는 십이령 고갯길이 오늘의 고속도로처럼 잘 발달된 교통로였던 곳이다. 오늘날은 비록 후진의 산촌이 되고 말았지만 문향 울진의 유생들이 자리잡고 살아가기에는 안성맞춤이었음에 틀림없다.

지금은 산골마을이 산뜻한 슬래브 지붕이거나 고풍스런 와가로 변모해 있어 누추하게만 느꼈던 그때를 상상조차 할 수가 없게 되었다.

그러나 내가 어린 시절 아버지를 따라 말래에서 일박을 하는 날이면 으레 소작으로 제사를 모시는 추(秋)씨 아저씨 댁에서 묵게 된다. 온 동네 집들은 너와집으로 화전민들이 모여 사는 그 모습이 여간 안쓰럽지 않았다. 시사에 참여했던 일행 모두는 이날만큼은 초등학교 시절 가을 소풍가는 학생들처럼 온통 들뜬 기분으로 시사(時祀)에 참여했다.

꼬불꼬불 계곡을 따라 아꾸산(산의 정상이 생선의 아가리와 같다 해서 아꾸산이라 이름함)을 오르면 수정같이 맑은 개울물 소리, 울긋불긋 곱게 물든 단풍길이 융단처럼 깔려 있다. 그때의 오십리 길은 여간 먼 길이 아니었다. 어린 나는 종종걸음으로 뒤따라 쫓아갔기에 피로가 겹쳐 나도 모르게 잠에 취하고는 했다.

말래의 너와집 사랑방은 통나무 군불로 방바닥은 쩔쩔 끓어 온기로 가득하니 초저녁부터 너나할 것 없이 깊은 잠에 취하고 만다. 잠자리를 옮긴 탓인지 자정이 지난 시간 갑자기 잠에서 깨어났다. 얼결에 일어나보니 나는 초저녁에 잠들었던 윗목에서 아랫목으로 구르고 굴러 아버지 발치에서 자고 있지 않은가. 당시의 산골 너와집은 온돌난방 구조상 아궁이와 굴뚝과의 경사가 심하여 방바닥이 평탄할 수 없기 때문이란다. 어느 집을 막

론하고 오늘날처럼 침구가 갖추어져 있지 못하였던 산촌의 생활 형편이었기에 시제에 참여하는 우리는 이불 없이도 자고 가는 것이 관례로 되어 있었다. 방안은 문틈으로 스며드는 차가운 밤바람으로 좀처럼 단잠을 이룰 수가 없었다. 캄캄한 어둠 속에서 조용히 문을 열고 마당으로 나가 아꾸산을 쳐다보면 깊은 산속의 밤은 적막에 잠겨 있었다. 그럴 때면 바람소리만이 송림 사이로 스쳐가곤 했다. 숲속에서 가끔 들려오는 부엉이 울음소리, 감나무 잎이 바람에 날려 뒹구는 써늘한 소리가 적막을 자아내었다. 곱게 물들었던 가을의 운치도 어둠 속에 잠겼다.

산촌의 밤은 조용히 열리며 엄숙한 아침을 맞이하게 한다. 일어나 세수를 하고 앞산을 쳐다본다. 653미터가 넘는 아꾸산의 웅장한 모습이 눈앞에 다가선다. 말없이 푸른 하늘을 이고 우뚝 서 있었다. 그럴 때면 엄숙한 느낌을 준다. 그래서 현자(賢者)는 요산(樂山)이라 했던가.

오늘은 일찌감치 서둘러 성묘를 마칠 요량으로 성묫길에 나선다. 보기보다 산세가 험한 탓으로 발길을 재촉해 보지만 힘에 겨워 얼마를 오르지도 못하고 지팡이부터 챙기기 시작한다.

가파른 성묫길을 꼬불꼬불 오르면 단풍잎은 발아래 융단처럼 곱게 깔려 있고 재잘재잘 흐르는 여울물 소리와 산새들의 우짖는 노랫소리는 그대로 자연 속의 교향곡이다.

낙엽으로 뒤덮인 비탈길은 미끄러워 엎어지고 자빠지며 가쁜 숨이 턱까지 차오른다. 토질의 대부분이 화강편마암으로 형성되어 산지토양조성이 어렵도록 된 산이기에 송이가 발생하기에는 적당한 토질로 형성된 듯싶다. 조상이 묻힌 묘소를 향하여 올라가는 길목 곳곳마다 가을 송이 채취를 위하여 헤매고 다닌 사람들의 발자국들이 여기저기 보인다. 큰 소나무 밑둥에는 송이를 찾느라고 쌓인 낙엽을 뒤졌던 흔적도 보인다. 송이산을 찾아온 욕심으로 두 눈을 부릅뜨고 여기저기 찾아보지마는 내 눈에는 송이 한 뿌리도 보이지 않는다.

아꾸산 주변 이곳저곳에 흩어져 있는 선영들의 묘소는 모두가 명당을 찾느라 산허리 지점에 모셔져 있기 때문에 시사를 마치려면 여간 어렵지 않다. 서둘러 아꾸산 중허리에 모셔져 있는 입향조의 선영에서 봉분 주변의 잡초와 관목을 베어내고 제사를 마치니 저 건넛산에 누워 계시는 고조할머니가 우리를 또 부른다. 이렇게 흩어진 선영들의 묘소를 찾아 후손의 도리를 하려니 힘은 들지만 마음만은 뿌듯하다.

오늘도 하루해가 뉘엿뉘엿 서산에 걸칠 무렵 시제를 마치고 하산을 하려니 폐허된 공가(空家)나 폐경(廢耕)된 밭두렁에 산촌의 구황농사(救荒農事)로 여기저기 심어놓은 감나무에 새빨갛게 지천으로 익은 감들이 가을을 지키고 서 있다. 지금은 젊은 일손들이 도시로 도시로 떠나가 살고 있는 주민들이라야 노인들뿐이니 힘이 들어 '감' 수확은 엄두도 못 내는 실정이다. 옛날에는 '곶감'이 환금(換金) 과일이요 구황(救荒) 과일로 자리했지만 근년에 와서는 농사는 부업으로 전락하고 송이 채취가 농촌의 주업이 되고 말았다.

'말래' 하면 으레 너와집이 대부분인 화전민촌이었으나 송이 채취가 주업으로 뒤바뀌면서 화전민촌이 아닌 송이 채취 '부자촌'이 되었다.

머지않아 이곳 산천과 밭두렁에 지천으로 심어진 감나무가 오늘의 송이처럼 '환금과일'로 대접받는 날이 왔으면 싶다.

언뜻 보면 쓸모없는 감나무로 보일지라도 '감'과 '감나무잎'은 비타민 C가 레몬의 20배까지 풍부하게 함유되어 있다고 한다. 이 사실을 안다면 지금처럼 그리 괄시만 할 일은 아닌 것 같다.

따라서 감나무 잎에서 나오는 비타민C는 녹황색 채소나 과일류에 많이 들어 있는 필수 영양소의 보고라 할 수 있다. 녹차를 비롯한 일반적인 '차'들이 대부분 알카리성이지만 감잎차는 약산성을 띠는 특이식품으로 공복에 마셔도 해가 없단다.

나이 들어 많이 생기는 고혈압, 동맥경화, 심장병 등의 성인병과 위궤양, 당뇨병 등의 만성질환에도 효과가 있다니 우리들

주변 농촌에 늘려있는 감나무를 눈여겨 산촌이 안고 있는 '부의 신비'를 가까운 곳에서 찾아보자.

이렇게 시제를 마치고 말래를 떠나면서 선조들의 높은 지혜에 다시 한 번 감사하게 생각하며 서울로 오는 차에 올랐다.

퇴직자의 마음

퇴직자란 언제나 이런 것인가.

꿈을 안고 숨 가쁘게 살아온 세월, 길고도 짧은 순간이었지만 그런 일들은 하나의 추억 속에서 그리움으로 남게 된다.

6개월이 지나면 나의 공직생활도 깨끗하게 정리해야 한다. 마음가짐을 바꾸어보지만 앞으로 10년은 더 현직에 남아 있을 것만 같은 착각이 오히려 나를 괴롭힐 때가 있다.

점심 식사를 마친 직원들이 삼삼오오 청사 뒤뜰의 마로니에 그늘 아래 벤치에 걸터앉아 휴식을 취하면서 주거니 받거니 유비통신(流蜚通信) 기사를 만들어 내느라고 바쁘다.

금년도 상반기 인사이동은 정년 퇴직자를 중심으로 공로 연수가 시작되는 7월 초순쯤이 될 거라는 이야기를 나누고 있다.

이번 인사에서 공직 사회의 꽃이라고 할 수 있는 과장급 ○○부이사관, ○○서기관들이 퇴진하게 되면 연쇄 승진이 10여 명 이상이 될 것이 뻔하다. 과마다 직원들마다 퇴직해야 하는 사람들의 마음을 헤아리지 못하는 듯 본인이 승진이라도 된 듯 좋아라고 손뼉을 치며 어깨춤을 추고 있다.

그런가 하면 퇴직자의 연금 보따리는 서울역 광장에 버려진 돈 뭉치와 같아서 먼저 보는 이가 주인이라고 방담조(放談調)로 이야기들을 나누고 있다. 나에게는 내 귓속을 스치는 바람이지만 반 공갈이나 협박조의 언사들로 들릴 뿐이다.

그래도 귀에 거슬리는 직원들의 낭랑한 말소리를 피하여 저쪽 멀리로 자리를 옮겨 앉고 싶지가 않다. 그 목소리가 그리울 거란 생각이 그렇게 했나 보다. 얼마 전까지만 해도 나도 저들처럼 나만은 영원한 공직자로 남아 있을 것처럼 생각하지 않았던가.

매일 하얀 와이셔츠를 단정하게 입고 하늘색 넥타이에 회색 양복을 걸쳐 들고 소나마 승용차로 출근하는 날이면 으레 그날 하루의 일과를 머릿속에 그리면서 운전대를 잡곤 했다.

이제는 흘러간 세월이요, 차곡차곡 정리해야 할 추억의 일기장에 불과하지만 나는 언제나 이스라엘 국민들처럼 '오늘 하루를 인생의 최초의 날이며 인생 최후의 날'이라고 생각하면서 내일 퇴임할지라도 나에게 맡겨진 오늘 하루는 값지게 살려고 내 자신을 채찍질했다.

일찍이 소크라테스는 '너 자신을 알라'는 지극히 평범한 교훈을 남겨주었다. 우리가 인생을 살아가면서 자신이 설자리가 어디에 있고 할 일이 무엇인가를 똑바로 깨닫고 살아가라는 참된 뜻이 숨어있다고 받아들여야 하지 않겠는가. 잠시나마 헝클어진 머리와 마음의 안정을 위하여 조용히 수목원 산책로를 따라 나만의 시간을 가지고 삼림욕에 빠져본다.

무엇 때문에 이토록 불안하고 초조해지는 것일까? 그동안 고락을 같이 했던 동료들과 헤어져야 한다는 것, 시계추처럼 익숙해진 생활 리듬을 깨어 버린다는 것, 그리고 새로운 생활방편을 찾아야 한다는 것, 또한 노년기의 건강 기법을 익혀야 한다는 것 등등으로 머리가 복잡하다.

이 모두가 삶의 방향전환을 모색해야 할 떠나는 자가 될 내게 불안과 초조가 찾아든 것이리라.

내일이 오면 6월도 다 가고 공직자라는 신분마저도 '공로 연수 명령'이란 사령장 하나로 정들었던 일터와 동료 직원들의 곁을 떠나야 한다.

아내는 지나온 30년간 오로지 남편 한 사람만을 위해 살았다. 지나고 보니 즐겁고 기뻤던 일보다는 고통스럽고 힘들었던 때가 많았던 것 같다. 어려운 일을 겪을 때마다 묵묵히 참고 기다려준 아내와 의젓한 두 아들이 있었기에 오늘의 내가 있을 수 있었다는 걸 새삼 느낀다.

나의 마음은 남은 인생 지금부터 아내와 가족들을 위하여 어떻게 봉사할 것인가로 가득 차 있다.

여름을 기다리는 꽃

매미 울음소리가 귀청을 찢어지게 울리는 계절이다.

녹음이 짙어진 골목마다 사람도, 자동차도 더위에 지쳐 나무 그늘로 찾아가는 계절, 7, 8월 숲속은 온통 배롱나무 꽃이 흐드러지게 피었다. 당나라 현종도 양귀비보다 더 사랑했던 나무, 나의 고향 울진에서는 피서지 곳곳에 여름철 석 달간을 붉게 물들여서 목백일홍이라고 부르고 있다.

배롱나무는 낙엽송속 교목으로 높이가 7미터 정도이지만 나무껍질은 갈색 또는 연한 홍자색이다. 껍질이 벗겨진 자리는 황백색으로 부드러우며 잔가지는 네모져 있다. 잎사귀는 두껍고 마주나며 타원형이다. 꽃은 원뿔모양으로 홍자색, 분홍색, 흰색으로 핀다. 열매는 시월에 갈색으로 익는다.

우리나라에서는 중부 남부 이남의 오래된 절이나 마을 앞 정자 옆에 관상용으로 심어져 있기도 하다.

옛날부터 이 나무는 일편단심 절개를 굽히지 않는 선비의 성정과도 같은 사대부나무로 많이 심었다.

우리 아파트에도 30여 개 동마다 1주씩 심어져 있어 8월이 오면 언제나 벌 나비가 함께 찾아와 주니 이 얼마나 고맙고 멋진 꽃의 마술인가.

언젠가 중국 계림을 다녀오는 길에 섬서성의 수도 시안에서 제일 먼저 화청지(華淸池) 경내 양귀비 상(像)을 만날 수 있었던 기억을 떠올리면서 배롱나무를 되새기게 되었다.

내가 살고 있는 영등포 푸르지오 아파트 주변 여기저기에는 배롱나무가 심어져 있어 얼마나 기분 좋은 일인지. 배롱나무가 가진 역사 배롱나무에 얽힌 많은 것을 연상할 수 있어 흐뭇하기까지 했다.

배롱나무는 여름을 상징하는 나무다. 붉은 꽃이 작열하는 태양을 닮았을 뿐 아니라 온 여름 동안 꽃을 피우기 때문이다. 이처럼 배롱나무를 만날 수 있는 일은 얼마나 기쁜 일인가. 하지만 삶의 터전에서 만나는 배롱나무를 자신처럼 사랑할 수 있어야만 진짜 행복한 사람이다.

벌써 올해도 8개월이 지났으니 잠시 멈추어 숨 가쁘게 달려

온 지난날을 뒤돌아봄직도 하다. 진짜 후회할 일, 잘한 일, 미안한 일, 고마운 일들을 생각하면서 뒤늦게나마 지금이라도 모두를 훨훨 털고 잊었으면 싶다. 이런 여름날 우리에게 마음껏 쉬어야할 시간과 공간을 주는 것은 역시 배롱나무 그늘이다. 쉬고 싶은 자리 또 쉬어갈 시간을 내어놓는 곳 찰나의 휴식처가 역시 배롱나무 그늘이다.

올해는 예상보다 불볕더위가 빨리 찾아 왔고 폭염과 열대야가 이어지더니 구월이 가까워지니 시원한 가을바람도 차츰 찾아오는 것 같기도 하다.

이렇게 보내는 여름을 뒤로하고 구월을 맞이하는 마음 또한 느긋하기도 하다. 언제나 단정한 모습으로 백일홍은 피었다 간다. 이 아파트의 사계절 얼굴 중 하나인 목백일홍 명당 또한 아름다움을 잃지 않고 여름 한철 유유자적 쉬어가는 안성맞춤으로 자리하겠지.

화청지(華淸池)가 아니더라도 여기 양귀비꽃도 활짝 피었으니 화사한 양귀비꽃처럼 웃음꽃 함께했으면 좋겠다. 웃고 있으면 행복하고 만년이 즐거움으로 가득 하겠지.

이렇게 곱던 배롱나무 꽃이 시들어 갈 때면 거실도 따스한 가을볕이 찾아들게 마련이다. 8월이 쫓길 때쯤이면 푸른 하늘만을 바라보며 노랗게 해맞이 즐기던 해바라기도 허리 숙인 채

결실을 맺느라 바쁠 것이다.

믿음직한 평생 동행의 연금공단에서 내년에는 어떤 소식이든 전하겠지. 그리고 노란 해바라기 같이 탐스러운 열매를 보내 주겠지 기대하면서 나도 덩달아 9월을 맞이할 채비에 바쁜 걸음을 재촉할 뿐이다.

가을이 오면 아파트의 여름을 화려하게 장식했던 배롱나무 꽃도 사라지고 여름 내내 땀 흘리며 골목길에 숨어 자라던 국화가 싱그러운 하얗고 빨간 꽃술을 보이면서 소슬한 가을을 선사할 것이다.

다시 생각해도 겨울은 무서운 계절, 겁이 나는 계절이다.

그래도 여름 지나 가을은 가고 멀지 않아 수많은 나무들은 두려움 없이 흰옷으로 갈아입겠지.

치매(癡呆) 소동

'따르릉 따르릉 전화 왔어요. 전화 받으세요. 따르릉 따르릉 전화 왔어요. 전화 받으세요'라고 전화벨이 울린다.

전화를 받는 순간 들려오는 목소리는 의외로 큰처남댁이었다. "고모부님 요즘 건강 어떠세요?" 하고 묻는 것이었다.

"고모부, 여전히 건강 대단히 좋습니다." 하고 나는 대답했지만 며칠 전 재곤이 엄마가 자신의 올케에게 남편이 영등포 대방동에 있는 성애병원에서 건강진단을 받았는데 치매초기 증상이라는 진단이 나왔다고 걱정 반 울음 반으로 검진결과를 전해줬기에 나에게 되물어본 안부 전화였다. 그래도 나는 시치미를 떼고 고모부 아주 건강하다고 답변하고 있지 않았던가.

이렇게 안부 전화를 주고받으며 지내던 중 아내가 남편의 입맛을 돋우려고 철원 오대미(20㎏) 한 포를 집으로 배달시킨 것이 화근이었다.

아내의 고마움에 보답하려고 쌀 포대를 집안으로 운반하려다가 힘에 겨워 그만 쌀 포대를 놓치며 뒤로 벌렁 넘어지고 말았다. '쿵' 하는 소리와 함께 기절하며 바닥에 쓰러지고 말았다. 나는 그길로 혜화동 서울대학교 병원 응급실로 실려가 입원하게 되었다.

허리가 부러진 듯 통증이 심한데 X선 촬영이나 MRI촬영 결과는 별 이상은 없다고 했다. 골절이나 다른 이상은 없었지만 뼈가 심한 압박을 받고 허리 신경 기능이 정상을 잃었기에 안정을 회복할 때까지 허리보호대를 착용하고 생활을 해야 한다는 것이다.

지금까지 잘 지켜지던 배변도 며칠을 두고 감감 무소식이다. 이 고비를 넘기려고 가까운 약국에서 구입한 그린 관장약으로 배변의 변화를 시도했지만 그리 좋은 방법은 아니었다. 이렇게 10여 일을 보내던 어느 날 조금씩 배변소식이 왔다. 이 얼마나 반가운 소식인가.

이렇게 한 달이 가고 두 달이 지나면서 허리는 조금씩 움직일 수 있게 호전이 되어가고 있었다.

아내는 이제 다시 치매 약을 계속 복용해야 한다고 성애병원

전담의사 선생님으로부터 '아리도네' 약 1개월분을 처방받아 치매도 고치고 서울대학교 정형외과에서 허리도 회복해야겠다고 강력한 의지로 내게 다가왔다.

남편의 건강회복에 강한 집념을 가진 아내는 친척, 친지들과 성당 동료들로부터 수소문한 덕택으로 남편을 간호하고, 회복시킬 수 있는 용기를 찾은 모양이었다.

이렇게 열심히 아내의 정성어린 간호와 요양으로 치매로 인한 기억력 상실증도 점점 회복되고 허리통증도 호전될 기미가 보였다. 아내는 닭발이 허리에 좋다는 말을 듣고 영등포 재래시장에 한 주에 한 번씩 닭발 3kg씩을 사서 진하게 5시간 이상씩 달여서 곰을 만들고 닭발에서 우러나온 콜라겐과 칼슘을 충분히 한 달간 복용케 하는 등 정성을 다해 나를 간호했다. 그 덕택으로 내 허리도 보호대 신세를 벗어날 수 있도록 호전되어 가고 있다.

'따르릉 따르릉 전화 왔어요' 하고 벨이 울려도 이제 두렵지 않고 가벼운 마음으로 큰처남댁 전화를 받을 수 있게 되었다. 초등학교 동창이며 ○○회사 사장인 친구가 이제 너도 너의 마누라에게 말 한마디 행동거지 하나에도 고마움을 표시해야하며 즐겁게 노년을 보내라고 신신당부 전화를 하지는 않겠지….

노인복지관의 하루

추석 명절이 지났으니 가을학기 컴퓨터 수업을 받기 위한 swish max4준비가 재촉된다. 주마다 매월 월, 수, 금요일 1시가 되면 나도 학생신분으로 변해야 한다. 오늘도 전산 과정 10강이 수록된 swish 교과서를 가방에 넣고 집을 나선다.

교육장이라야 우리 집에서 버스로 10분 거리에 있는 영등포구 신도림동 서울시립종합 복지관 2층에 위치하고 있다. 점심식사를 마치고 일찍 나오신 노인 10여 명이 컴퓨터 앞에서 저마다 먼저 시간에 배운 것들을 재연해 보는 것이 고작이다. 추석을 전후해서 연휴가 계속 되었기에 복지관은 휴강으로 그동안 집에서 쉬었던 얼굴들이 서로가 손을 맞잡고 인사 나누는 모습이 여간 다정하게 보이지 않는다. 그래 오늘의 세상은 노인들을 위하여 전국 각지 어느 곳이나 노인종합복지관이 설립되어 있어 눈만 뜨면 배울 것이 있고 소일할 곳이 있어 마냥 행복한 노후를 보낼 수 있다.

일찍 아내를 여읜 K씨는 저승문을 4번이나 다녀왔다고 너스레를 풀어 놓으며 삶의 긴박했던 순간을 하루하루의 일상으로 말하고 있다.

저녁을 맛있게 먹고 조용히 먼저 간 할멈을 생각하노라면 갑자기 가슴이 답답하고 조이며 팔에 힘마저 떨어진다고 한다. 그럴 때면 지정 병원으로 달려가야지 하고 119비상 전화벨을 습관적으로 누른단다.

병원 응급실에는 3분 전에 어르신을 모시러 갔으니 미리 집 앞에만 나와 계시라고 한단다.

이렇게 죽다가 살아난 것이 여러 차례니 이제는 이력이 나서 저승길은 여러 번 다녀온 셈이란다. 삶과 죽음의 징검다리를 오고 가는 나의 인생은 바로 이것이 평상이 되고 있다며 늦은 시간 칼국수 점심 식사를 마쳤다.

식당을 나온 우리는 도림 전철에서 손을 흔들며 서로가 집으로 헤어졌다.

늙어가면서 오늘도 내일도 후회 없이 만족하게 살아가려고 노력하는 노인 집단이 여기 있다. 그 속에 내가 속해있는 것이다. 허리 굽어지고 걸음걸이가 불편한 이들을 얕잡아 보았던 지난날의 젊은 시절이 나도 한때 있었다. 뒤늦게 다시 찾게 되는 노인 철학, 노인 인생이 서글플 뿐이다.

뭉크 송(頌)

우리 집에서 온 가족의 귀여움을 독차지해 오던 뭉크는 95년 1월부터 97년 8월까지 2년 8개월간 우리와 같이 함께 살아온 강아지(말티즈종)로서 97년 8월 30일 07:00 도로를 달려오는 버스에 깔려 생을 마감하게 되었다.

비록 말 못하는 짐승일지라도 우리 가족 모두에게는 나름대로 특색 있는 재롱을 베풀어 주었던 것이 눈앞에 선하다. 가장인 나와는 날이면 날마다 아침 6시만 되면 언제나 고양시 행신동 한진아파트 주변을 함께 뛰면서 아침공기를 마시는 안내자이자 동료이기도 했다.

언제나 밤이면 큰아들 재곤이 방에서 잠을 잔 후 아침 5시면 안방으로 건너와서 나의 침대 밑에서 깽깽거리고 칭얼대며 아침 산책을 가자고 재촉하는 것이 아니었던가.

강아지에 방울끈을 매고 '가자'라고 소리치면 그렇게 앞발을 들고 나를 치켜보며 즐겁게 깡충깡충 뛰던 것이 너무나 눈에 선하다.

그뿐인가. 길거리에 나가면 자기 영역 표시를 위하여 이 나무, 저 나무, 이 돌, 저 돌에 빠지지 않고 오줌을 질금질금 싸면서 매일 아침마다 영역표시를 철저하게 하지 않았던가. 어떤 때는 외출을 하려고 "너는 집에 있어."라고 음성을 높여 큰소리로 말하면 문밖으로 나오지도 못하고 큰아들 재곤이 방 앞에서 엉거주춤 나의 눈치만 보고 외출을 체념하고 기다리겠다는 듯 시름에 찬 눈빛을 보일 때면 때로는 안쓰럽고 처량하기도 했다.

그뿐인가. 주말농장으로 갈 때에는 우리 집 pride차에 나보다 먼저 뛰어 올라 창문 밖을 내다보면서 우리 농장 가까이만 가면 다 왔노라고 낑낑거리던 그 목소리, 좀처럼 잊혀지지 않는 뭉크다. 뭉크에 대한 우리 가족의 사랑이 너무나 컸기 때문에 더더욱 그리움이 사라지지 않는 것이다.

아내의 경우를 보더라도 온 가족이 직장과 학교로 출근한 후 아내 혼자 집을 지키고 있는 날이면 '뭉크'와 생활을 같이 하면서 지낸 시간이 많았기에 자연스럽게 서로가 많은 정을 나누게 되었다. 따라서 아내는 강아지에 대한 사랑과 연민이 남다를 수밖에 없었다고 생각된다. 때로는 같이 시장에도 갔을 것이고 산책도 같이 했을 터이니 특히 고양성당에 가는 날이면 '뭉크'에게는 빨리 갔다 올게라고 했겠지….

다시 아내가 미사를 마치고 집으로 돌아올 때면 '뭉크'는 얼마나 반가워하며 앞발을 들고 깡충깡충 뛰었겠는가. 집안에는 오로지 '뭉크'만이 남아 있다가 서로가 만나는 순간 그렇게도 반가웠겠지.

그뿐인가. 수시로 '뭉크'를 불러 '얼굴'이라고 소리치면 으레 머리와 목덜미를 아내의 가슴에 얹고 주인에 대한 복종을 표시해 주지 않았던가. 그 행동은 그대로가 주인과 뭉크 간에만 이어진 참된 귀여운 모습이다. 가족 모두의 눈 속에 뭉크에 대한 추억이 아롱거린다.

아들 재곤이가 처음 저를 데리고 온 것을 잊지 않는지 지난 2년 반 동안 뭉크는 잠자리마저도 같이 했다. 지정된 그 침대가 아니면 밤에 잠을 자지도 않았다. 처음 우리 집으로 데리고 왔을 때에는 눈도 제대로 뜨지 못했건만 철저한 모정에 가까운 본성을 잊지 않으려고 했다. 살고 있는 짐승 '뭉크'의 살아가는 그 모습이 참 자연의 신비로 다가왔었다.

또한 아들 재곤이와 며느리와 간에는 그 강아지를 사랑의 매개체 역할도 담당하는 중매자적 역할도 하고 있었지 않았나 짐

작된다.

특히 우리 집 막내 재철이는 '뭉크'에 대한 사랑 남달라 '뭉크'가 죽은 지 무려 6일이 지났건만 매일같이 '뭉크'가 묻힌 곳에는(✝)된 표지팻말이 꽂혀있는 능곡 류씨 종중산을 쉬지 않고 찾아다니면서 비명에 간 넋을 달래려고 애쓰던 그 모습, 모두가 지금도 생각나는 것이다.

그래도 '뭉크'를 훈련시킨다며 '얼굴'이란 애정의 표시동작 '먹지 말아'라는 주인 명령 순종 기능 등을 몸에 배게 하면서 온통 '뭉크'와는 입을 맞대고 음식도 같이 나누며 뽀뽀를 할 정도가 되었으니 '뭉크'에 대한 사랑만은 지나칠 정도로 깊어져 있었다.

이렇게 온 가족이 '뭉크'를 아끼고 사랑하며 가족으로 생각한 나머지 언제나 침대에서 함께 잠을 자고 끼니때마다 동석하여 초롱초롱한 눈으로 구걸을 희구하더니 그때는 먹던 음식도 나누어주지 않고는 견딜 수 없었던 우리 가족 모두의 깊은 인정, 그리고 '뭉크' 사랑. 그 눈빛에 매료된 못 견딜 그 사랑….

지난 97년 8월 30일 07:00 그 넓은 대로 가운데서 나와 재곤이 엄마가 보는 가운데서 큰길을 건너다 불의의 교통사고를 당해 생을 마감했기 때문에 그 비통함을 적어 나와 우리 가족들에게 쌓여있는 심정을 정리해 보기로 한다.

앞으로 나는 짐승(강아지) 기르는 것만큼은 되도록 억제해야겠다고 생각했다. 그리고 강아지는 사람처럼 판단력을 갖춘 동물이 아니므로 집을 나설 때에는 다소 억압될지라도 반드시 목줄을 매었어야 함을 뒤늦게 후회한다. 이제 다신, 이와 같이 애절한 글을 남기지 않게 될 것이다.

2.

기다리는 마음

사랑하는 마음으로 기다렸다
너는 보이지 않고
가고 없었다
네가 없는 만큼 내 마음은 아팠다
그 아픔으로 메아리 없이
너를 불러 볼 뿐이다.

나의 고향 그 추억

파랫나물 바닷바람 싱그러운 울진
왕피천 백리길이 자연으로 아름답다
쉬지 않고 흘러오니 물내음이 청량하다
예부터 인심 좋아 살기 좋으니
민초의 보금자리

북에는 통고산, 남에는 백암산
사냥꾼에 쫓기던 사슴들 온천 찾아 목욕하고
유황천 탄산천이 샘같이 솟구치네
동해 명소 터 찾아오니 북에는 망양정
남에는 월송정이 고장의 명소란다

봄이면 아버지 어머니가 땀 흘려 씨 뿌리고
논 못자리 애기 돌보듯 지키니
읍내에서 들려오는 사이렌 소리 맞춰
누이동생 젖 먹이던 그 모습
밀레의 만종이 되고 소여물 뜯기시는 풍성한 자연

아름다운 반 고흐의 생레미 포플러 된다
아우 종다리야 울어라 봄날의 멜로디
산꿩도 울어라 계절을 잊은 강변의 갯버들
빨리빨리 피어 나거라
늪에서 울어주는 이무기 울음 봄을 알린다.

북한산의 가을

시월의 산 정상에 산불이 났다
곱고도 고운 것이 새색시 얼굴
하늘이 내려준 천상의 연지분
올해도 날 보고 가라네

눈앞에 피어나는 시월의 단풍
들꽃도 나뭇잎도 천천히 불타고 있어
여름이 달아준 훈장이련가
이것만은 눈앞을 스치는 자연의 혼

바람도 쉬어가고 가을도 쉬고 있으니
해마다 열어주는 불꽃 축제가
석양처럼 낙엽을 태우고 있구나
오늘 하루 도토리처럼.

봄 날

유채꽃은 노랗게 연인들을 불러 모으고
산기슭 저 멀리서 춤추는 보랏빛 물안개
나비처럼 눈앞을 흐리게 하네
땅속을 흐르는 눈 녹는 여울물 소리
봄 처녀 가슴을 파헤치고
구수한 냉이 맛이 또 다시 오네

아버지 지게 가지 찬바람 맴도는데
숨찬 고개 이름 하여 도치랍 고개
따스한 햇살마저 쉬어서 가니
까불까불 햇송아지 논길 헤집고

돋아나는 새싹이 죽은 듯 엎드리니
입학통지 받고 등교하는 어린 새싹
파랗게 돋았으니 귀엽기도 하구나.

구름 지나간 자리

하늘 구멍을 본다
엉망된 세상을 본다
물 폭탄이 악마처럼 쏟아졌고
농부들의 원성이 하늘을 찌르네

묻히고 끊기고 잠기고 무너진 다리
집터는 쓰레기장 농토는 자갈밭
수마의 이름 아래 황토물만 온천지
남은 것은 한숨소리뿐

어둠 속에 할퀸 자리
다시 보고 또 보아도
그곳에 남은 것은
아무것도 없네

처참한 그 모습이 삶의 보금자리였던가
마실 물이 없어서 빗물로 연명하며
상처로 찢긴 몸
아물 날 기다리며 가슴만 쓰리네.

산이 좋아

산에서 살았네
산에서 왔네
가진 것 없이 그냥 왔네
그래도 아무도 날 산 사람이라 부르지 않네

산으로 다시 돌아갈 수도 없네
그래도 산이 좋아
쳐다만 볼 뿐인데
머린 산에 있고
몸만 도시를 헤매네

도시는 수많은 인파
모두가 숲이 되니
나도 숲이 되고 나무가 되네
여름 한 철 그늘을 드리우는
한 그루 나무가 되네.

파도의 사랑

하얗게 웃으며 밀려만 오네
기분 좋은 그 얼굴에 아껴둔 작은 웃음
때 묻은 너의 몸 씻으며 살아왔다
주먹 같은 왕자갈 곱게도 단장하니
서로서로 부벼가며 사랑으로 살았노라
오늘도 내일도 철썩~ 철썩~ 쏴~쏴 밀려만 오네
하얗게 웃어주는 너의 얼굴 고와라
갈바람 해무가 눈시울 어지럽혀
주먹 같은 왕자갈이 사랑을 일러주네
허기진 파도 속에 철썩~
내일도 철썩~ 철썩~
파도의 사랑.

기 도

오늘도 내 가슴이 사랑으로 넘치게 하소서
넘쳐 강물처럼 맑게 흐르게 하소서
흘러 바다처럼 도량을 펼치게 하소서
펼쳐 바람에 날려가는 한 잎 꽃이 되게 하소서
꽃잎 되어 구름처럼 자유롭게 날게 하소서.

강물 속에 숨은 망양정

아! 푸른 동해바다
아버지가 굽어 내려 보시던 왕피천
봄이면 연어 떼가 강 어귀를 헤집으며
투망꾼 사내들이 고기망태 둬흔들고
망양정 뒷동산에 연분홍 진달래가 강물 속에 숨어드니
해거름 강바닥에 솔숲이 그림같이 아롱지네
덥고도 덥던 그 여름 복숭앗빛 한 세상
소리 없이 사라지고
노오란 가을이 성큼성큼 다가오면
연어 떼도 세월 만난 듯

또 떼 지어 찾아오련만…
바다는 한가한데 파도만 치네
오늘도 가을 햇살이 산 너머로 숨고 있구나.

친 구

나와 함께 이 세상에 존재했던 친구
그리움이 되살아나 얼굴 하나 그리면
그때 그 모습
그러나 오늘은 잊혀진 친구
친구여! 너는 내 얼굴
가고 옴을 넘어선 지금은
가슴팍에 흘러간 세월을 잡고
바람처럼 흘러간 세월에 기대면
네 모습 흉벽인 듯 새겨져
지워지지 않는구나.

춘매도를 보며

매화가지 하얗게 옷을 입었네
새봄 전령으로 찾아온 흰 눈에도
해묵은 가지 꽃망울이 맺혔고
꽃가지에 앉은 참새 형제처럼 정다워
얼어붙은 매화가지 녹일 만도 하건만
대문 앞 입춘방(立春榜)
형제처럼 걸려 있네.

3.

기다림

아지랑이 꽃 피우는 푸른 숨결로
산들바람 안고 오는 앳된 얼굴이
수줍어 기다린 마음 울음 우는 뻐꾸기

조석으로 찾아주는 냉이국 향기도
누이의 호미자락 벗 삼아 친근한데
옷깃에 스미는 뜻이 유채꽃에 머문다

한밤을 기다려도 발걸음만 급하네
초록은 연노랑 업고 오고야 말겠지만
애타는 기다림으로 멀리 두고 그리네.

옛 마을

철새처럼 다시 찾은 고향 언덕엔
고속도로 찻길 따라 옛 '둔산'

하얗게 부서지는 파도를 넘어
갈매기 울음소리 귀청을 찢어대니

하늘의 뭉게구름에
내 가슴을 실었지

파도가 밀려간 그 백사장
돌고래 한 쌍이 뱃머리 스치니

조용히 바다 깊이
숨어버린 풍경

그 옛적의 마을로 드러나
마구 소리를 쏟아놓네.

팽나무

갈바람 타고 찾아오는 봄소식을
함께 맞아 들였지
여름 되면 살평상에 누워 계신 울 아부지
등지게 속 시원하게 땀 닦아 주었던
고마운 고목(古木)
그늘 아래 앉아서 옛 이야기 들려주고
발아래 철썩이는 파도소리 들어가며
즐거운 웃음도 함께하였지

말없이 헤어진 뒤 그리워 찾았더니
넓은 마당 모퉁이에서

빈 집을 묵묵히 지켜온 팽나무
'외로워서 못 살겠다' 문득 들리는 그 소리에
헤어진단 말 한마디 못했다
하늘도 쳐다볼 수 없는 굽은 허리
그 허리 펴질 수만 있다면
읍내 가서 나무병원 찾아보련만
편작인들 어쩌랴 울 아부지 같은 나무.

고드름 속에 숨은 봄

나목(裸木) 가지마다 백발 만발하니
은(銀)세상 바람소리 코끝을 에인다

창살 속에 숨어드는 햇살 따사로우니
처마 끝에 매달린 엄동설한

소한(小寒) 앞세우고
대한(大寒) 뒤따르니

동지 팥죽도 엊그제
또 한 해가 간다

봄, 여름, 가을에만 꽃이 피는가
겨울에도 얼음꽃 핀다

윙윙거리며 울어주는 칼바람
쏜살같이 달려가며 손사래 친다

고드름 속에 숨은 봄
봄나들이 즐기니

흰 구름 쫓아가는 연둣빛
새봄이 다정하다.

둔산* 풍경

하늘을 나는 뭉게구름
왕피천 바닥에 내려앉은 산 그림자로
바닷바람 그을린 아낙네 얼굴이 되네

파도가 밀려간 백사장 위로
자작자작
아기 발자국

고기 잡던 어부는
못이 박인 손으로 그물을 잡고
코발트빛 바다 속을 내려다보네

오늘도 아가는
마냥 아빠를 기다리고….

*둔산(屯山): 경상북도 울진군 근남면 소재 마을 이름

토지문학제에 참석하고

황금벌판에서 토지를 만나고
섬진강의 하동을 만났다
'동그라미 그리며' 풍악소리 어둠을 몰고 오면
하늘에는 하얗게 별이 내리고
평사리는 살아서 노래 부른다

지리산 산자락은 천년을 이고
무엇이 그리웠던가
무엇이 애통했던가
최참판댁 돌담은 할말을 잃고

호롱불만 깜박이며
밤이슬에 젖어만 간다

남도는 섬진강
섬진강은 눈물의 강
호령 높았던 산잔등 타고 세월은 흐르고
세월은 토지에서, 평사리는 자자손손
'토지'라는 이름으로 살아간다.

숲을 가꾼 사람들

비록 한 줌일지라도 내 영혼이 묻어있고
내 사랑이 숨쉬고 있다면
저 푸른 소나무에 걸려 있는 녹화혼들은
숲을 가꾸었던 젊음의 숨결이요 표상이다

천년만년 살아나갈 금수강산에
회오리처럼 휩쓸었던 녹화혁명이
오늘은 이 땅에 역사가 되고, 기적이 되니
옛 이야기 자랑으로 남아 숨쉬네

이 강산을 사랑하고 산을 좋아하는
젊은이들이여!
발아래 저 푸른 숲은 피땀으로 일구어진 창조의 개벽
자자손손 이 강산 푸르름 살찌게 하리니.

오 월

푸른 듯 붉은 향기 스며드는 봄내음
쏟아내는 정열이 사랑보다 예쁘고
가시로 돋친 넝쿨은 가슴 속을 찌른다

건네주는 웃음이 분홍빛으로 고아라
계절을 밝혀주는 울타리도 흥겨워
사람들 눈망울에는 사랑빛이 물든다

바람도 쉬어가고 나비도 내려앉아
오월의 뻗친 기운 막을 길도 없는데
꽃향기 머무는 땅에 오래도록 웃어라.

유 월

울타리 장미넝쿨 속살이 붉어라
자줏빛 논감자도 제 철로 찾아오니
유둣날 오늘에서야 너나없이 반갑다

하늘 높이 흰구름 땅에는 초록 내음
소나기 지나가니 온몸이 살짝 젖고
보리로 빚어낸 농주 제 맛 들어 좋구나

단오절 찾아오니 뻐꾸기 울어준다
망종이 손짓하니 현충일 떠오르고
육이오 비극의 역사 하늘 높이 서리네.

아버님 모습

이파리 성글어진 졸참나무 아래서
하늘소 지나간 댓돌에 앉아
피워도 피워도 시원치 않는 담배연기를 뿜어내며
모두가 떠나간 공가(空家)를 지키시고
외로움을 달래시며 고향을 떠날 수 없다던 너털웃음

하늘을 쳐다보며 오오 하고 탄식하던 그 목소리
구름 흐르는 창공을 줄달음쳐 가고
낙엽을 밟으며 혼자 걸으면서
무엇을 생각하시는지

아버님 살아생전 함께했던 즐거움도
괴로움도 꿈인 양 스쳐가고
초례청(醮禮廳) 앞마당에서
홀기(笏記)를 읽으시던 아버님 모습.

산이 좋아

나는 산에서 살았네
허름한 옷 한 벌 걸치고
가진 것 없이 살아도
산 사람이라 부르지 않으니

산으로 다시 돌아갈 수도 없네
그래도 산이 좋아
산만 쳐다만 볼 뿐인데
산에 살았던 그 사람
머리는 산에 있느니

도시는 수많은 인파
녹음이 짙어오는 계절 따라
나도 숲이 되고 나무가 되네
그늘을 드리우는
한 그루 나무가 되네.

숲을 가꾸는 사람들

비록 한줌일지라도 내 영혼이 묻어 있고
내 사랑 숨 쉬고 있다면
저 푸른 소나무에 걸려있는 녹색 혼들은
사라져버린 잎새들을 결코 잊을 수는 없을 것이다

오늘과 내일을 위하여 천년만년 살아갈
후손들에게 조국의 녹화혁명이 이 땅에 기적으로
역사가 되고, 옛 이야기 되어 자랑으로 남아 있노라고…
동백꽃처럼 아름다운 아가씨여!

이 강산을 영원히 사랑하고 산을 좋아하고
산을 사랑하는 젊은이들이여!
아름다운 이 강산에서
만족하며 행복하게 자랑으로 살아나보세

세월에 묻혀 잊혀지고
낙엽으로 묻혀진 넋일지라도
자자손손 영원히 풀이 되고 숲이 되어
산 너머 메아리되어 울려 퍼지세.

봄마중

너는 꽃이 되고, 나는 나비 되어
서둘러 봄마중 가자
줄기마다 잎이 되고 잎새마다 향기되어
계절 쫓아 마중 가자 봄마중 가자

불타는 산자락은 고운님 머무는 향기
보리밭 고랑 속에 종다리 안개사랑
산 너머 나뭇가지마다 뻐꾸기 노래
마당 위엔 흰구름 봄비가 적셔주네

한팃재 넘어오는 버선발

오늘은 까치바람
버들개비바람

아지랑이 앞세우니
초록빛 나그네
새들아 노래불러라 잎새도 춤을 추어라
누이도 봄마중 가자.

4.

아침을 연다

여기는 영등포 푸르지오 아파트 107동.

오늘도 새벽 5시면 잠에서 깨어나는 즉시 따뜻한 물로 무릎 온욕을 마친 나는 창가에 앉아 새벽운동을 위하여 떼지어 아파트 앞 자동차 속을 걸어가는 여인들 모습을 바라본다. 새벽운동을 하는 초로의 여인들이다.

무슨 말을 서로 주고받더니 뒤이어 첫 번째, 두 번째, 세 번째 여인무리가 주차장 한복판을 가로질러 걸어가는 것이다.

첫 번째 여인들은 빨간 바지를 입었더니 2~3분 뒤에 지나가는 두 여인은 주황색, 흰색 바지를 입은 여인들이었다. 그리고 10분이 지나서 다시 세 사람의 여인들이 노란색, 빨간색, 검정색 바지를 입고 아무 말 없이 주차된 자동차 사이를 지나가고 있는 것이다.

주차된 차는 BMW 승용자동차, 통학용 미니버스, 밤색어린이 스쿨버스, 하얀 캠핑자동차, 그리고 날렵한 하얀 승용자동차 현대가 새롭게 뽑아낸 스카이오픈차, 그 곁으로 서 있는 차는 택배운송 차량으로 여러 종류 차량들이 모두들 가지런히 밤을 새우고 아침을 기다리는 것이다.

8월 15일을 지난 지 일주일이 지났으니 바람도 제법 시원하다. 이름 모를 벌레도 여름 방충망에서 아침을 맞고 있다.

뒤늦게 일어난 중년의 남자 한 사람이 부지런히 집을 나선다. 뒤이어 아주머니도 강아지의 목줄을 잡고 아파트주변 산책에 나선 것이 보인다.

또한 젊은이 한 사람이 어깨에 가방을 메고 어디론지 걸어가고 있으니 직장으로 출근하는 사람 같다. 뿐이랴, 일터로 가야할 젊은이가 세워두었던 합승 자동차의 시동을 걸어 출근을 준비하는 중에도 숲속에서는 까치 두 마리가 요란하게 까악까악 아침을 알리는 울음을 울어 주위를 알리니 아내도 아침밥을 안쳐놓고 새벽 운동에 나선다.

저 건너 숲속에는 여름이면 곱게 피어나는 목백일홍이 불그무레하게 보이기 시작한다.

드디어 그 옆을 지나는 아내의 걸음걸이 그 옆으로 직장으로 출근하는 듯한 젊은 여인의 모습 등…. 오늘 아침도 하루가 분주하게r 열린다.

날마다 들려오는 열차소리지만 오늘은 유난히 정겹다. 철거덕 철거덕거리며 멀리서 지나가는 기차 소리다. 이것이 우리 동네 아침을 알리는 종소리인 것이다.

또 까치도 연달아 지저귄다. 친구를 찾고 사랑을 찾는 까치의 울음소리가 내 귓전을 곱게 스쳐간다. 가을을 알리는 신호 같기도 하다. 오늘도 얼마나 더울까? 하루가 걱정된다. 그 뜨거운 여름 처서가 지났건만 오늘 낮에도 나를 괴롭힐 것만 같다. 어제처럼 소나기도 내려줬으면 좋으련만….

아파트 창살을 스치는 초가을의 시원한 창가에 앉아 오늘을 시작해본다.

아버지의 얼굴

푸른 하늘 아래 가을 햇볕이 유난히 따사롭다. 처마 끝에 혼자 앉아 빨갛게 익은 홍시 하나를 들고 앉아 계시는 아버지. 아버지는 무슨 생각을 하고 계시는지 아들이 면전에 다가왔어도 과객으로 착각한 탓인지 나를 미처 알아보지 못하신 것 같다. 이제는 고령에다가 시력도 약해지시고 귀도 어두워져서 큰소리로 인사를 드리지 않으면 얼른 알아보시지 못 하신다.

나는 목청을 돋우어 큰소리로 "아버지! 서울 큰아들이 왔습니다." 하고 인사를 드렸다. 그제서야 알았다는 표정을 지으시며 "응, 그래 서울에서 이제 내려오는 길인가?" 하고 대답해 주는 것이다.

몇 해 전까지만 하더라도 작은아들 내외와 옛집에서 사셨지만, 아들이 새 집을 지어 가까운 이웃으로 이사를 한 후부터는 하루에도 두세 번씩 오르내리시며 마당을 쓸어 보기도 하시고 잡초를 뽑아내기도 하시며 무료한 하루를 보내는 것이다.

아버지가 큰아들의 간청도 뿌리치시고 옛집을 지키며 살아가시려는 생각이 못마땅하게 생각될 때가 있다. 이제는 허리도 굽으시고 눈도 어둡고 다리에 관절염까지 생겼으니 무리하게 옛집을 관리하는 일이 힘드시지 않느냐고 물어 보면 아버지께서는 한결 같이 말씀하신다.

"집은 비록 헐어진 옛 집이지마는 조상들의 영혼과 내가 평생 살아온 손때가 묻어 있기에 이 집을 쉽게 떠날 수가 없다." "내가 다리가 아프더라도 아침저녁 매일 같이 옛집을 오르내리는 것이 그저 그날그날의 즐거움이다."라고 하신다.

그렇지만 장손된 나로서는 지금까지 부모를 한 번도 모시지 못한 죄책감에서, 서울의 아들 손자와 같이 사시는 것이 편하시지 않겠느냐고 몇 번이나 말씀을 드려보았지만 소용이 없다. 그때마다 아버지는 "노인이 한 번 거처를 정하면 일정한 곳에 있어야지, 이 아들 저 아들 집으로 옮겨 다닐 수는 없다."고 하시면서 "서울은 고층건물과 교통여건 등 생활편의 시설이 잘 되었다고는 하지만, 노인들에게는 별로 편한 곳은 못 된다. 콘크리트 좁은 방에 갇혀 죽는 날만을 기다리게 하는 감옥이지, 거기에 무슨 생활이 있느냐?" 하시며 나의 말문을 막아버리는 것이다.

아버지의 말씀을 듣고 조용히 생각해 본다. 역지사지(易地思之)로 나도 아들자식들이 아버지 노후의 건강과 평안을 위하여 시골로 가셔서 자연을 만끽하면서 사시는 것이 어떻냐고 물어온다면, 아마 나도 이렇게 대답할 것이다. 시골에는 의료시설도 문제이고, 교통도 불편할뿐더러, 옛 친구도 이웃도 모두가 떠나간 빈자리인지라, 고독이 나를 시골에 머물게 하지는 않을 것이다. 때문에 나도 아버지가 서울로 오시지 않겠다고 고집하시는 이유를 이해할 만하다.

'가지 많은 나무 바람 잘난 없다'는 속담과 '열 손가락 깨물어 아프지 않는 손가락이 없다'는 뜻이 바로 우리들 형제자매를 두고 한 말이 아니겠는가? 이렇게 남 몰래 괴롭고 고달프게 살아오시지만, 어느 자식 하나라도 이웃들에게 비웃음을 받지 않게 하시려고 말 한 마디 행동거지 하나에도 밤 새워 궁리하시고, 자식들에게는 노구(老軀)로 고단하고 불편하셔도 건강을 물어 보시면 언제나 "나는 편안하니 걱정말라."고 안심시켜 주시면서 오히려 자식들의 건강을 먼저 걱정하시는 아버지. 용돈이 없으셔도 아직 쓸 만큼 예금통장에 남아 있다고 하시면서 자식들에게는 부담을 주지 않으시려고 애쓰시는 그 모습이 부모의 자식사랑일 것이다. 어머니를 여의고 20년이라는 세월을 혼자 살아오시면서 고독과 괴로움을 안고 살아가시는 모습이 너무 경건하시다. 오로지 아들딸만을 위하여 몰래 기도하시고 자식들에게는 사랑을 아낌없이 주시면서 웃으며 살아가는 그 모습이 우리들 눈에 비친 아버지이시다.

젊을 때 잠시 공직에 있을 때를 제외하고는 평생을 농사꾼으로 살아오셨다. 소년 시절 서당에서 한학을 익힌 것과 소학교를 마친 것이 학력의 전부이지마는 관혼상제에 밝으셔서 동네에 혼례가 있을 때에는 언제나 주례를 도맡아 하시며, 사람들 모두가 꺼리는 초상이 있을 때에도 빠지지 않고 상례를 돌보아 주셨다.

천성적으로 내 일을 제쳐놓고 이웃을 위해서는 거절을 못 하시는 성품인지라, '동네일을 맡을 사람이 없다'고 하시면서 신발값도 안 되는 동네일을 맡으셨다고 어머니와 의견 충돌을 여러 차례 하셨다. 여름이면 보리 한 가마, 가을이면 나락(벼) 한 가마의 모곡에 만족하시면서 우리 집 농사일은 팽개치시고 동네일로 정신없이 쏘다니다가 농사시기를 놓쳐 허둥대던 그 모습이 눈에 선하다.

동장이라는 감투가 보람이라고 생각하셨던 아버지, 우리 동네에서 면사무소까지 5리길이 족하였기에 '여름에는 삼베 적삼이 땀에 젖고, 겨울이면 몸살감기로 목이 부으셨다고' 안 좋게 생각하시면서도 약 한 첩 달여 드시지 못하시며 망양정 고갯길을 넘나드시더니, 이제는 말벗이라도 할 수 있는 이웃사촌도 소리 없이 마을에서 사라지고, 자식들도 도시가 좋다고 모두가 떠나가고 말았다. 오늘도 까치소리라도 들린다면, 혹시 그 옛날 읍내 장에 달걀꾸러미를 이고 간 어머니가 다시 찾아오신다고 반가워하시겠지….

모처럼 찾아간 고향집에서 흘러가는 한 조각 흰 구름을 쳐다보며 하늘 아래 멈춰선 산과 들, 헐어진 옛집, 그리고 마당어귀에 선 바람막이 팽나무 한 그루를 그리운 추억의 상징이라고 안부를 물어볼 수밖에 없다.

이렇게 그리워 찾아온 옛집은 해발 백여 미터의 망양정 산중턱에 자리 잡고 있어서 경치만은 예나 지금이나 관동팔경 그대로다. 뿐이랴, 집주위도 시누대(조릿대) 울타리로 둘러싸여 포근하고 따뜻한 명당 터로 손색없다. 매년 중추절이면 바다는 호수처럼 고요하여 시계(視界)가 끝없이 펼쳐지고, 울릉도 300리에 치솟는 아침 해가 기다려진다. 동쪽 바다 저 멀리에서 항아리처럼 빨갛게 타오르는 아침 해를 바라보는 순간만큼은 이 땅의 의미가 신비롭고 새로워지게 마련이다.

나는 뭐니 뭐니 해도 바닷사람들의 하루가 시작되는 해돋이와 파도소리를 들으며 소년시절 꿈을 키우며 성장했다. 저 멀리 바다에서 아침 해가 떠오를 때에는 밝은 희망과 따뜻한 사랑, 그리고 불같은 정열을 가슴속에 그려보기도 했다.

벼이삭이 익어가는 9월이 찾아오면 저 멀리 남태평양에서 불어오는 태풍으로 비바람이 휘몰아치고 집채 같은 파도가 넘실거리면서 우리를 불안하게 만들 때도 있었다. 이렇게 바다는 나에게 희망과 용기도 주었지만 어려운 세파(世波)를 이겨내는 인내심을 키워 주기도 했다.

이제 저무는 석양을 바라보면서 사라진 먼 옛날 아버지가 걸어온 그림자를 찾아본다.

평생 이웃에게는 봉사로 살아오시고, 자식들에게는 희생과 무한한 사랑을 주시면서 촛불같이 제 몸을 태워 빛이 되어 주신 아버지, 정말 존경합니다.

올해도 이렇게 저물어가고, 덧없는 세월만 추억에 사무칩니다. 가슴속을 파고드는 아버지의 사랑과 이웃과의 정의에 눈시울을 적십니다. 헐어진 옛집 처마 끝에 홀로 앉아 계신 아버지를 다시 쳐다보면서 뒤늦게나마 시경(詩經)에 있는 경구(警句)를 되뇌어본다.

"존경함에 아버님보다 더함이 없고, 의지함에 어머님보다 더함이 없다. 때문에 아버님이 돌아가시면 일생을 두고 외롭고, 어머님이 돌아가시면 일생을 두고 슬프다."

추억의 치산녹화 현장을 찾아서

임우회 소풍 길은 추억의 회상이다. 금년도에는 경북 동해안의 영덕 포항 일원의 산림복구 흔적들을 되돌아보는 현지시찰의 기회가 되었다. 녹음이 짙어가는 유월 초순, 산천초목이 온통 성장의 푸르름으로 자라나는 계절에 봄 소풍이라는 이름으로 우리는 관광버스를 탔다. 모처럼의 나들이인지라, 어린 아이들처럼 날아갈 듯 기쁘기만 했다. 답십리 임우회관을 떠난 관광버스는 치악산휴게소를 잠시 들르고, 태백준령이 뻗어가는 중앙고속도로를 2시간여 달린 끝에 예향인 경북 안동시에 도착했다.

정오는 아직 멀었다. 그렇지만 일정에 쫓긴 우리 일행은 이곳 안동시에서 중식을 끝내기로 했다. 때맞추어 우리 일행이 찾아간 한정식의 명가 토담골에서는 갑작스레 찾아든 낯선 한양 손님들로 눈코 뜰새없이 바빴지만 우리를 맞이하는 예도에는 흠 잡을 데 없이 친절하고 정중했다. 중식을 마치고 문을 나서면서 식당 안내자의 탁자 위에서 무심코 집어든 「3초간의 여유」를 읽을 수 있었다. 3초간의 여유라 함은 우리가 세상을 살아가면서 매사를 한 번 더 생각해 보자는 슬기들을 적은 팸플릿이다. 여기 한두 가지만 소개한다. 자동차를 운전할 때 내 앞에 끼어드는 차가 있다 하더라도 '3초간 만'이라도 기다려 주자. 그 사람은 혹시 그의 가족이 병원에서 그를 애타게 기다리고 있는지도 모를 일이다. 또한 친구와 헤어질 때에도 그의 뒷모습을 '3초간만'이라도 지켜보고 기다려주자. 혹시 돌아가던 친구가 뒤돌아서서 웃어줄 수 있도록 말이다. 이렇게 넓은 도량으로 살아가자고 호소하는 식당주인의 외침을 어찌 각박하게 외면하고 지나칠 수 있단 말인가? 이것이 예향 안동의 얼굴인 것을….

모두들 일정이 바쁘다고 법석들이었지만 임하댐 수몰지구 상식(上植) 작업에 성공한 용계 은행나무를 둘러보자는 중론에 따라 용계 은행나무 상식 현지로 차를 돌렸다. 댐 상류의 도로는 정비조차 하지 않은 곳이라 우리들이 탄 관광버스가 지나가기에는 무리하게 느껴졌다. 간신히 은행나무 상식현지에 도착하고 보니 들던 대로 성공적이었다. 현지 기념탑은 콘크리트 비석으로 세워져 있었다. 천연기념물 제175호, 수령 700년, 수고 37

미터, 흉고둘레 14미터라고만 쓰여져 있을 뿐, 이 큰 나무를 어떻게 상식하였는지, 이식 후 이 은행나무를 살리기 위하여 어떠한 생명공법으로 관리하였는지, 궁금한 것이 한두 가지가 아니었지만 당시의 기록은 어디에서도 찾아볼 수 없었다.

비록 지금은 이 은행나무를 살리기 위해서 많은 가지들을 잘라내고 철제보조대가 수간(樹幹)을 치받치고 있어 몇 안 되는 푸른 잎들이 나풀거릴 뿐이지마는 당시 푸르게 무성했던 그 흔적들은 충분히 짐작할 수 있었다.

700년생 거목이 우리 임업인의 나무사랑, 자연사랑과 오직 신념만으로 10미터도 넘는 높이로 뿌리 하나 손상 없이 살아 있는 그대로 옮겨 심어져 있다는 사실을 자랑스럽게 기억하면서 창수 전시림으로 자리를 옮겼다.

언제나 여행을 하다 보면 갈 곳이 많아 시간에 쫓기기 마련이다. 오늘도 자라목을 거쳐 창수령을 넘으니 영덕국유림관리소의 상징이라 할 수 있는 창수 국유림전시림에 도착하게 되었다. 계곡 좌우의 산복에는 수종별로 질서 정연하게 경영 시범림으로 잘 가꾸어져 있었다. 그 면적은 433헥터에 불과하지만, 우리나라 산림의 야외시범학교로 임업인의 산 교육장으로 밝은 내일을 약속하고 있어 우리나라 산림경영의 미래가 든든하기까지 하였다.

바쁘게 바쁘게 달려왔건만, 오늘은 창수 전시림 시찰만으로 하루 일정을 마무리할 수밖에 없게 되었다.

오늘 저녁 우리가 쉬어갈 숙소는 칠보산 휴양림이라고 한다. 7가지의 보물(돌옷, 더덕, 산삼, 황기, 멧돼지, 구리, 철)이 생산된다고 하여 이름 붙여진 해발 810미터의 칠보산 휴양림은 울창한 소나무 숲으로 조성되어 있어 맑은 공기, 깨끗한 물, 아름다운 경관으로 휴양관, 숲속의 집, 수련장, 야영장들의 시설이 갖추어져 있어 여행자의 피로를 푸는 데는 안성맞춤이었다.

아침 일찍 일어나 등산로를 따라 해맞이 전망대에서 멀리 숲속에 둘러싸인 영동지의 그림 같은 풍경을 바라보노라면, 선녀가 쉬었다 갔다는 금강산 옥녀탕이 이만치 시원했으랴 비교되기도 한다. 몸은 피톤치드의 삼림욕에 젖었어도 아스라이 구름속으로 숨어 보이는 가물가물 고래불 해수욕장의 낭만이 찾아들어 온다.

오늘도 아침 일찍부터 현지 안내자의 안내에 따라 병곡에서 시작되는 영덕의 해안도로를 좇아 해맞이공원의 시찰길에 나섰다. 산호군락지, 낚시터 등으로 유명한 병곡의 죽도산을 끼고 해안도로를 달리니, 영덕군이 산불피해지 복구차원에서 역점사업으로 실시했다는 '영덕 해맞이공원'에 도착하게 되었다. 이 '해맞이 공원'은 동해안 제일의 청정해역과 울창한 송림으로 뒤덮였던 곳이었지만 1997년 2월에 발생한 대형 산불로 폐허의 돌산으로 변모하게 되었다. 영덕군에서는 1999년부터 2002년까지 4년여에 걸친 조경사업과 산림복구사업을 병행 실시하여 오늘의 '영덕 해맞이 공원'으로 조성했다고 한다. '해맞이공원'을 중심으로 해안선을 따라 조성된 53킬로미터의 해안 도로변에는 이른 봄에는 샛노란 수선화가 봄소식의 전령으로 자리 잡고, 여름에는 강인한 생명력을 자랑하는 기린초와 원추리가 관광객의 눈길을 끌어 모으고, 가을이 오면 벌개미취가 짙은 가을 향을 내뿜으며 드라이브족의 코끝을 사로잡기도 한다. 이제 '영덕 해맞이 공원'은 빼어난 해안 절경과 무인등대, 그리고 잘 조성된 해안도로를 배경으로 관광객에게는 동해의 절경과 일출을 마음껏 즐길 수 있게 해주고 있다. 가는 곳마다 임업인의 손길이 닿지 않는 곳이 없고, 손길이 있는 곳마다 넉넉한 인심을 심어주고 있었다. 어느 누군가에게도 알려지지 않는 그림자들이기 때문이다. 이제 그렇게 들러보고 싶었던 영일지구 오도리(烏島里) 산림복구 현장으로 관광버스는 달리고 있다. 7번 국도변에는 장사 해수욕장(長沙海水浴場)을 따라 송림이 무성하게 자라고 있지만 6・25한국전쟁 당시의 장사 상륙작전 전적비(長沙 上陸作戰 戰跡碑)가 숨어 있고, 조국을 위해 산화한 학도병들의 한 많은 절규가 귀에 들리는 것 같아 발길을 멈추고 옷깃을 여미어

가신님들 넋을 기리게 한다. 뿐만 아니라 MBC의 '그대 그리고 나'를 촬영하여 잊히지 않는 곳이기도 하다. 그곳을 지나 우리 일행은 포항시 흥해읍 오도리의 황폐산림 복구현장에 도착하게 되었다.

이제는 푸르고 아름다운 고장으로 복구된 오도리 뒷산을 바라보면서 흘러간 그 시절 피땀의 순간들을 회상해 보게 한다. 오랜 세월 동안 불모지로 버림받은 땅, 영일지구의 집단 황폐지는 개미마저 살 곳을 잃었던 제3기층의 이암층 특수지질대이다. 이곳은 기간산업체 포항제철의 배후지이며, 우리나라를 찾는 국제항공노선의 관문으로 우리나라를 찾는 외국인들에게 한국의 첫 인상을 흐리게 하였던 곳이다. 그래서 '박정희 대통령'께서는 '집단 황폐된 영일지구를 한시 바삐 푸르게 복구하라'는 집념의 분부를 내리시기에 이르렀다. 이에 우리 임업인들은 오로지 영광된 조국을 후손들에게 물려주기 위하여 푸른 신념과 지혜를 한데 모아 헐벗은 산에 한 그루 한 그루 정성들여 나무를 심고 가꾸었던 지난날을 잊을 수가 없다.

'불가능의 땅'으로 이름 하였던 영일만의 기적은 오로지 신념과 협동과 단결로 녹화를 이루어 놓기에 이르렀다. 이제 숲은 우거지고 영일만의 기적은 찾아오게 되었다. 이리하여 오도마을에서는 주민일동의 이름으로 '박정희대통령각하순시기념비'를 아래와 같이 건립하여 당시 국가원수의 녹화 의지와 얼을 후세국민들에게 이렇게 전해주고 있다.

> 비바람이 세차게 몰아치던 1975년 4월 17일, '박정희 대통령 각하'께서 이곳 국토 녹화현장을 순시하시니 외로운 갯마을에 새 기운이 넘쳤도다. 헐벗은 산에 나무 심고 풀씨 뿌려 아기 돌보는 정성으로 가꾸라시던 뜨거운 국토애를 땀 흘려 심었나니, 숲은 우거져 산짐승 보금자리 치고, 굳센 의지 감도는 새마을 집집마다 복된 자립의 꿈이 활짝 피었네.
>
> 우리 모두 나라사랑하는 슬기와 힘을 모아 보배 가득 찬 산과 저 바다를 지켜 자손만대 번영과 영광을 누리며 드높고 푸르른 님의 뜻을 길이 이어 나가세.

"오! 꿈은 현실로 돌아왔다."

오늘을 위하여 살아온 임업인들은 너나없이 영국 역사학자 토인비가 알려준 경영철학에 살아왔던 영웅들이다. '청어가 든 어항에 메기를 한 마리 넣어두면 청어가 오래 산다.'는 분위기 활성화와 단결을 유지하기 위하여 변신에 앞장섰던 선구자들임에 틀림없다. 한 발자국이라도 앞서 가자고 외쳤던 선배들이여!

이제는 언제라도 술친구가 되어주는 소박한 임우회원들이여! '오래된 술일수록 향이 깊고 맛도 진하다'는 고사처럼 여기 모인 우리는 서로가 눈빛만 봐도 무엇을 바라고 있는지 짐작할 수 있는 아름다운 인연으로 맺어진 임우들이다.

헐벗은 국토에 옷을 입히고, 찾아오는 외빈들에게는 녹화에 성공했노라고 한줌 부끄러움 없이 조국의 부름에 앞장섰던 임업인들이여! 역사는 말한다. 그대들에게 감사하다고….

소록도 기행

오늘은 임우회의 가을 소풍날이다. 한반도의 최남단 고흥군에 있는 소록도 행이다.

우리 일행을 실은 관광버스가 수원을 지나고 평택을 지나, 천안의 태조산을 스치면서 천안 삼거리를 지나니, 세월 속에 잊혀진 흥겨운 가락이 문득 떠오르는가 하면 숱한 애환을 안고 바람같이 살다간 나병 시인 한하운의 「소록도 가는 길」이 생각난다. '천안삼거리를 지나도/ 수세미 같은 해는 서산에 남는데/ 가도가도 붉은 황톳길/ 숨 막히는 더위 속으로 절름거리며 가는 길'이 옛같이 되살아 오르는 것은 무엇 때문일까?

이제 두 시간만 더 달리면 목적지인 고흥땅에 도착할 것만 같아 야릇한 기분을 억누를 수가 없었다. 소록도는 오래전부터 일반인의 출입이 제한되었던 곳이므로 이국땅을 찾아가는 나그네처럼 궁금증이 내 앞을 가로막고 있는 것이다.

아무리 차창을 내다봐도 초행길인 나로서는 고흥땅에 들어섰는지조차 분간이 힘들다.

차창 밖으로 저만치 보이는 들판에는 추수가 끝난 듯 새싹이 파릇파릇 돋아난 가을 마늘밭이 끝없이 전개되고, 그 옆으로는 아직도 제철을 만나지 못한 유자나무가 무성하게 보일 뿐이다.

어느덧 가을 해는 서산에 걸쳤는데 바다는 아직 보이지 않는다. 남도땅 여행이 자꾸만 지루해지기 시작한다. 장거리 여행으로 피로에 지친 일행 모두가 오수에 취했는지 머리를 푹 수그린 채 지쳐 있었다. 차안이 한참동안 숨소리만 들리더니 갑자기 운전기사가 '녹동항에 도착했다'는 차내 방송을 하기 시작했다. 바다가 보이기 시작했다. 모두가 서둘러 버스에서 내렸다. 녹동항에서 불과 5, 6백 미터 거리에 있는 저곳이 소록도란 말인가? 소록도, 소록도는 저렇게 바다 저쪽에 아련히 있으면서 '고도'라고 이름 붙여진 눈물의 섬이었더란 말인가!

아무리 '고도'니 '한의 섬'이니 하지만 이제는 여태까지의 두려움도 신기함도 다 잊어버리고 병원선을 타고 저 건너 천사들을 만날 수 있게 되어 한편으로는 반가운 마음이 앞선다. 소록도에 자혜의원이라는 나환자 진료시설이 들어선 지도 어언 87년이라는 세월이 흘렀다. 그때의 그 사람들은 비록 만날 수 없지만 숱한 애환을 간직하고 있는 저 한 많은 섬이 우리를 맞이하고 있다. 섬의 크기라야 4.42평방킬로미터(137만평) 밖에 안 되니 고작 여의도의 1.5배에 불과한 셈이다.

그리고 이 섬은 모양이 어린 사슴과 비슷하다하여 소록도라 부르게 되었다고 한다. 경치가 빼어난 곳이 많아 지금은 관광지로 널리 알려지고 있다. 하지만 오늘 우리 일행이 소록도에 도착한 것이 오후 5시가 지난 해질 무렵이니 섬 전체를 소상히 돌아보기는 어렵게 되고 말았다.

시간에 쫓긴 우리들은 국립소록도병원이라고 새겨진 정문 앞에서 안내버스에 허겁지겁 갈아탔다. 병원 본관으로 향하는 도로변 숲속에는 여기저기 직원 숙소가 이국적인 정경을 연상케 하고, 원불교 교당도 자리 잡고 있어 병원을 찾는 우리들의 마음을 더욱 경건하게 만들었다.

소록도 하면 나환자, 나환자 하면 소록도라고 혐오해 왔던 우리! 이제 관광객의 일원으로 이 섬을 찾고 있다는 사실이 오히려 부끄러울 따름이다. 지난날 그렇게도 왁자지껄했던 제2구역(병상지역) 안에는 이제 850여 명에 불과한 주민들만이 살고 있을 뿐이다. 주민들이라야 노인들이 대부분이지만, 이들은 나환자 '평생격리원칙'에 따라 소록도 섬 안에서도 제2구역이라는 병상구역에서만 한 많은 세월을 보내지 않았던가? 그리고 지난날 우리들은 한센병에 대한 무지와 편견으로 저들을 사회로부터 소외시키지 않았던가? 저들도 우리와 똑같은 이웃이라는 사실을 명심하면서 소록도에 사랑을 심어주고 떠나야 하지 않겠는가? 지나간 세월 앞에 머리 숙여 사죄할 뿐이다.

6천여 평이나 되는 이 중앙공원은 1936년 12월부터 1940년 4월에 완공되기까지 연 6만여 명 원생들의 피와 땀과 눈물로 조성된 애환의 공원이라고 한다.

공원 안에는 사랑과 봉사와 기도가 넘쳐흐르고 자비하신 성모마리아 상이 영원불멸토록 그윽한 향기를 내뿜으며 소담스럽게 한 그루의 향나무로 우뚝 자리하고 있었다.

비록 짧은 시간 동안 쫓기듯 소록도를 찾았다가 바람같이 스쳐가는 우리들의 눈에도 이 중앙공원에 세워진 '구라탑'과 '한센병은 낫는다'고 희망과 용기를 심어준 저 '구언의 탑'들은 모두가 예술의 상징물이라기보다는 살고자 하는 자들의 의지를 말하여 주는 것 같았다.

발길을 옮겨 100미터 남짓한 언덕바지를 오르면 우리들의 귀에 익은 나병 시인 한하운의 「보리피리」가 가로 눕힌 화강석 비석 위에 눈비를 맞으면서 이렇게 새겨져 있다.

보리피리 불며
봄언덕
고향 그리워
피~ㄹ 닐니리

보리피리 불며
꽃 청산
어릴 때 그리워
피~ㄹ 닐니리

보리피리 불며
인환(人還)의 거리
인간사 그리워
피~ㄹ 닐니리

보리피리 불며
방랑의 기산하(畿山河)
눈물의 언덕을 지나
피~ㄹ 닐니리

사시사철 꽃과 새소리가 가득한 평화롭고 아름다운 중앙공원, 푸른 물결, 흰 구름… 지난날의 좌절과 애환을 딛고 사랑과 희망의 섬으로 변모하고 있는 소록도는 이제 파도소리도, 바람소리도, 옛날과 같은 슬픔만은 아니다.

보리피리도 피ㄹ-닐니리, 한스러운 섬이여!

관동팔경, 가사문학의 고장

망양정에 어린 봄

푸른 파도가 밀려오고 밀려가는 백사장 가까운 정대(亭臺) 망양정을 쳐다본다. 갈매기들의 울음소리를 듣는다. 계절이 여름이고 보니 망양정(望洋亭)을 찾아오는 나그네가 어찌 나 하나뿐이랴. 발걸음들이 부산하다. 이곳을 찾았던 조선조 선조 때의 관찰사 송강(松江) 정철 선생은 푸르른 망망대해를 굽어보며 「관동별곡」에서 이렇게 칭송했다.

망양정 오른 말이
바다 밖은 하늘이나 하늘 밖은 무엇인고
가뜩 노한 고래 뉘라서 놀래관대

불거니 뿜거니 어지러히 구는지고
은산을 깎아내어 육합을 나리는 듯
오월장춘 춘설은 무삼 일고…
백년화 한 가지를 뉘라서 보내신고.

내 고향 울진은 가사문학의 명소다. 이곳은 내가 어린 시절 봄이면 소꿉장난 친구들과 정터를 찾아 파릇파릇 돋아나는 잔디 위에서 깨어진 와당을 주워 모으며 숨바꼭질 하던 추억이 덕지덕지 쌓여 있으니, 나의 추억 나의 사랑이 그저 예사로울 수만은 없다. 발아래 왕피천이 굽이굽이 돌고 돌아 동해로 찾아드니 씻은 듯 맑은 정기 사랑과 화합을 이룬다. 모처럼 시원한 정마루에서 한눈에 온 천지를 굽어보니 우뚝 솟은 망양정이 예나 오늘이나 명승(名勝) 그대로 관동 제일경이 아닐 수 없다.

이 망양정은 1471년(조선 선조 2년) 경북 울진군 기성면 망양리(현 종산)에 세워져 있었던 것을 1858년(조선조 철종 9년)에 경북 울진군 근남면 산포4리(둔산동)로 이전하게 되었지만, 오랜 세월과 비바람에 못 이겨 헐어 1959년과 2005년에 다시 복원하였다.

왕피천 꽃길

울진읍에서 7번 국도를 따라 남쪽으로 2킬로미터를 달려서 수산교를 지나면 왕피천을 따라 동쪽으로 시원스럽게 뻗어 있는 관광도로를 만나게 된다. 이 도로는 봄이면 벚꽃이 만발하고 가을이면 코스모스가 하늘거리며 찾아오는 관광객을 반갑게 맞이해 준다. 다투어 피어나는 녹음으로 가득한 강변 따라 곧게 뻗은 제방도로를 걸어보는 오늘 하루는 어쩐지 소풍날을 맞은 초등학생처럼 즐겁고 상쾌하기만 하다. 나는 초등학교 시절, 강변 따라 모랫길을 줄달음치며 버들강아지 찾아 강변을 숨차게 쫓아 다녔다. 솔밭 으슥한 곳에는 한센병 환자들이 모닥불을 피워놓고 집단 거주한다는 소문 때문에 이곳을 지나갈 때마다 머리끝이 오싹오싹 오그라들기도 했던 곳으로 버들강아지가 얼음 속에 숨어 피어났던 곳이다.

온 천지가 6·25전쟁으로 수난을 당했던 때 이곳에도 전쟁의 상처는 다른 지역과 어디 하나 다를 것이 없다. 여기 저기 이름 없는 무명용사의 무덤들이 흩어져 있어 오랫동안 우리들을 슬프게 했다. 그러나 1959년에도 또 다시 전쟁 못지않은 태풍 '사라호'를 맞으면서 수많은 이재민을 발생시켜 많은 이곳 주민들이 강원도 철원 땅으로 이주해야 했던 아픈 역사를 간직한 곳이기도 하다.

오랜 세월이 흐른 이제, 나도 출향인이라는 이름으로 복원된 망양정을 다시 찾아 그리던 고향을 밟고 있는 것이다. 지난날까지도 빛바래고 허물어졌던 모습의 망양정은 청홍색으로 찬란하게 단장하여 새색시처럼 날렵하게 앉아있다.

금년 들어 7월 22일부터 8월 15일까지 개최되는 2005울진세계친환경농업엑스포 관람 차 고향을 찾았다. 푸른 바다와 맑은 강, 개장된 해수욕장이 어우러져 있고 거기에 해안선을 따라 이어지는 관광도로 위에 해맞이공원마저 자리하였으니 자랑스러운 나의 고향이 새삼스럽지 않을 수 없다. 소리 없이 흐르는 왕피천 맑은 물에 얼굴을 씻어본다. 물속에 꼬리치는 은어 떼가 한가롭기만 하다. 멀리 간 연어 떼가 찾아올 날이 언제쯤인지 기다려진다. 해마다 여름이 가고 시월이 오면 3년 전에 왕피천을 떠날 때 고작 5센티미터에 불과했던 새끼 연어들이 북태평양 알래스카 연안에서 온갖 어려움을 이겨내며 6, 70센티미터의 어미연어가 되어 왕피천을 찾아온다. 이제 그들이 돌아올 날이 머지않은 것이다.

연어의 고향, 나의 고향

이같이 고향을 떠날 때의 어린 연어가 성숙한 연어가 되어 돌아올 때는 왕피천 물냄새를 찾아서 북태평양 2만 킬로미터의 긴 모험을 한다. 그 여행 동안 종족번식의 본능을 다한다. 조용히 눈을 감고 생각해 보자. '수구초심(首丘初心)'이 우리 인간만을 위한 고사성어는 아니지 않겠는가?

그렇다. 나도 고향을 떠난 반백년의 세월이 흘렀기에 울진의 물냄새 따라 어머니의 따스한 숨결을 찾으려고 망양정의 추억을 더듬으며 내가 자란 옛집을 찾아온 것이다.

하지만 나는 오늘처럼 1년에 한두 번 찾아보는 고향집에서 하룻밤 쉬어보자고 조그마한 침실을 마련해 놓고 모래성 같은 결심으로 이 공가(空家)를 별장이라고 머물고 있는 것이 고작이다. 고향을 찾을 때마다 일주일을 못 채우고 훌쩍 서울로 돌아서면서도 서울집 베란다 앞에만 서면 언제나 동쪽 하늘을 쳐다보며 고향집을 그리워한다.

하룻밤이라도 고향 집에서 쉬는 날이면 안방구석에 주인 없이 자리한 일제(자노메) 재봉틀을 어루만져본다. 이 재봉틀은 새색시인 어머니를 위하여 문전옥답 2마지기를 팔아 마련해주신 할아버지, 할머니의 정성과 사랑이시다. 이 재봉틀을 애지중지(愛之重之) 하시며 아들, 딸들의 옷을 공들여 지어주셨던 어머니의 젊은 시절과 손때가 배어있는 소중한 가보(家寶)다.

이제 주인 잃은 재봉틀은 60여 년의 세월에도 아랑곳 하지 않고 안방을 지키고 있으니 그리움과 슬픔과 행복했던 추억만 남아 있을 뿐이다. 그러기에 안방문을 열어볼 때마다 어머니의 유산에 따스한 온기가 느껴온다.

안방문을 나서 헛간으로 발길을 옮기면 여기저기 평생토록 아버지가 쓰시던 '지게'며 밭갈이 '쟁기'들이 자손만대 물려줄 보물처럼 소중하게 보관되어 있다.

석양이 뉘엿뉘엿 서산에 진다. 아름다운 황혼의 고갯마루에서 그리움과 추억을 회상하며 옛길을 걷는다. 저기 망양정에는 그리움이 있다. 향수가 있다. 옥색 동해의 파도소리가 예나 오늘이나 사랑으로 넘실거린다. 꿈이여! 백사장이여! 어린 시절 뛰어 놀던 발자국마다 파도소리가 들려올 때마다 하얗게 거품 되어 사라진 추억들이 그리움으로 저녁하늘에 메아리친다.

사랑이 싹트는 동네

아파트 담장 따라 미국측백나무가 무성하니 상큼한 측백 향기가 허브보다 시원하게 코를 찌른다. 오늘도 교중미사에 늦지 않으려고 집을 나선 이웃집 할아버지 할머니가 조심조심 숨차게 비탈길을 걸으며 뒤따라오시더니 어느새 나를 앞지르고 있다. 손에는 지팡이를 들고 있는 할아버지 할머니시지만 서로가 앞서거니 뒤서거니 하면서 비좁은 달동네 골목길로 걸음을 재촉한다.

골목으로 들어서기 몇 발자국 못 미친 곳에 도림동 ×통장 댁이라는 문패가 달린 길가집에는 해마다 집 앞에 크고 작은 항아리 화분을 수십 개씩 진열해 놓고 있다. 예쁜 꽃씨를 뿌리는가 하면, 친환경 생활을 즐기려고 상추, 고추, 미나리, 나락,

호박, 가지에 이르기까지 그 이름도 헤아릴 수 없을 만큼 많은 농작물을 심어놓고 파릇파릇 새싹이 돋아나는 싱그러움을 만끽하고 있다. 이 길가집을 지날 때마다 한적한 농촌을 찾아온 듯 푸르고 넉넉한 인심을 찾을 수 있다. 이 집에 살고 있는 집주인 아주머니는 언제나 성당을 찾아가는 우리들에게 말없이 사랑을 심어주고 있다.

달맞이꽃이 아름다운 이유는 다른 꽃을 특별히 예쁘게 북돋워주는 천성 때문에 아름답다고 하지 않던가? 꽃보다 아름다운 사람, 따뜻한 커피 한 잔을 나누고 싶은 그런 이웃이 바로 여기에 살고 있다.

오늘도 숨차게 성당을 들어서면서부터 젊은이나 늙은이 모두가 우산처럼 하늘을 가리고 서 있는 노거수, 은행나무 앞으로 발길을 옮겨 성모상을 바라보는 순간, 제단 앞에서 정중히 머리 숙여 무언가를 회개하며 나름대로의 사랑의 기도를 올린다. 언제나 성모상 앞에는 아름다운 꽃바구니를 좌우에 놓아두고 봄에는 봄의 전령사 개나리가, 그리고 라일락, 진달래, 장미가 차례를 기다렸다는 듯 뒤를 이어 향기를 내뿜으며 성당을 찾아오는 우리를 반겨주고 있다.

성당이 자리한 천주교 도림성당은 아파트 속에 빛바랜 달동네 성당이지만 강남에서는 오래된 본당이다. 3천여 평의 넓은 대지 위에 '성당본관'을 비롯하여 '사제관' '수녀관' '교육관'과 '돈보스코유치원'을 갖추고 있어 이 지역의 안정된 가톨릭 정서와 문화를 선도해가고 있다. 신자들이 대부분 고령으로 황혼의 길에 접어들고 있다. 이제 젊은이들로부터 멀어져가는 오늘을 살고 있지만 꽃처럼 아름다웠던 지난날의 행복을 가슴속에 묻어두고 있는 것이다. 젊기 때문에 무한경쟁에서 살아남으려고 바쁘게 살아왔던 지난날들을 뒤늦게나마 회개하며 즐거운 마음으로 이웃사랑의 싹을 키워나가고 있는 것이다.

오늘도 성당 정문을 들어서며 '받아서 채워지는 가슴보다 주어서 비워지는 가슴이게 하소서. 지금까지의 내 사랑에 티끌이 있었다면 용서하시고 내 사랑을 맑게 흐르는 강물이게 하소서.'

이렇게 되뇌면서 십자성호를 그은 후 성당 속으로 발길을 옮기는 이들에게 어찌 아름답다하지 않을 수 있겠는가?

어느덧 여름이 가고 모란이 지고 소슬한 가을바람이 가득하니 성당 건물 한쪽 모서리에 묵묵히 자리한 고 이헌종(야고보) 신부님의 순교비와 제단을 에워싸고 있는 회양목과 열정의 진달래 두 그루가 호위병처럼 미덥기만 하다.

6·25전란이 일어났던 1950년 4월 천주교 도림동 성당에 부임했던 야고보 신부님은 그해 7월 성당을 지키시며 꽃처럼 순교했으니 이 성당을 찾아오는 6천여 신자들의 가슴에 사무치

는 사랑의 열매가 야고보장학회로 남아 있다.

오늘도 아내와 같이 십자성호를 그리며 따뜻한 성모님의 사랑에 감사한다. 성모님은 왼쪽 가슴에 아기예수를 안고서도 오른쪽 팔을 뻗어 우리들에게 사랑을 베풀어주시는 인자한 얼굴이다. 그 모습이 평화롭기만 하다. 성모님의 품에 안긴 아기 예수는 두 팔을 벌린 채 우리들 앞으로 달려 나올 것만 같은 이 순간 어려웠던 지난날이 떠오르고 고마움에 눈시울이 뜨거워온다.

나의 생명의 은인이시며 내 인생의 무한한 격려자이신 성모님의 사랑 앞에 진심으로 감사드립니다. 내가 심혈관경색으로 중증협심증이라는 진단을 받고 서울 아산병원 중환자실에 입원했던 지난 1993년을 결코 잊을 수는 없습니다. 눈물의 세월을 보내며 오로지 성모님의 사랑 앞에 남편의 쾌유를 기도하던 아내의 뜨거운 사랑과 믿음이 아니었더라면 감히 나에게는 오늘이 있을 수 없다는 것을 뒤늦게 깨달았습니다. '이웃을 내 몸같이 사랑하라'는 예수님의 그 말씀을 새기면서 이제부터라도 내가 받은 은혜를 스스로 보답하는 길을 찾아서 살아야 하겠습니다. 오늘도 '성모님'이 베푸시는 사랑의 그 목소리를 듣고 있습니다.

"마음이 아팠지만 너는 나의 친구이므로 여전히 너를 아끼고 사랑하는 마음으로 기다렸다. 어젯밤에 네가 잠자는 모습을 보며 너의 머리를 쓰다듬고 싶어서 너의 베개와 얼굴에 달빛을 쏟아 주었다. 그리고 기다렸다. 너와 만나 얘기하고 싶었지만 다음날 늦게 일어난 너는 서둘러 일터로 가느라고 나와 얘기할 시간을 내지 못했다.

오늘은 네가 무척 외로워 보였다. 나는 너를 이해하므로 마음이 아팠다. 그러나 나는 너를 사랑한다. 제발 내 말에 귀를 기울여다오. 나는 진심으로 너를 사랑한다. 나는 이 사랑을 푸른 하늘과 초장으로 네게 고백하고 나뭇잎들이 흔들릴 때 내 사랑을 속삭이고 꽃들의 향기로운 숨결로 네게 이야기한다. 너를 따스한 햇빛으로 옷 입히고 골짜기를 흐르는 시냇물과 새들의 사랑스런 노래도 너를 향한 사랑스러움의 표현이지. 너는 알고 있는지… 너를 향한 나의 사랑은 바다보다 깊고 어느 누구의 열정보다도 더 뜨거운 것이다. 어서 나에게 와서 함께 얘기하자꾸나." 하시는 성모님의 사랑의 소리를 들었습니다.

이제 아내의 기도소리와 성모님의 사랑과 믿음이 내 머리에서만 맴돌지 말고 내 가슴으로 하루빨리 찾아와 주기를 간구하고 있습니다. 이제 늦었지마는 밝아오는 날은 사랑을 주고받으며 살아가고 싶습니다.

병상 일기

1999년 12월 10일, 아내와 협심증 검사 결과를 보러 가는 날이다. 바람이 얼마나 매서운지 귀가 시리고 콧등이 저리어 온다. 아내는 병원문 앞이 가까워지도록 말 한마디 없이 남편의 뒤를 따라 오더니 무슨 생각인지 오늘은 검사결과만을 확인하고 집에 돌아가서 조용히 안정을 취하자는 것이다.

남편의 건강이 악화된 낌새를 눈치 챈 아내의 걱정스러운 위로임이 틀림없었다. 그러나 속마음으로는 한편으로 고맙기도 하지만 남편의 건강상태의 심각성을 모르는 체하는 아내의 그 한마디가 어쩐지 야속하기만 했다.

몇 해 전 이 병원에서 심장수술을 받았기 때문에 오늘도 불안하고 초조한 심정으로 병원 문을 들어섰다. 은근히 좋은 검사

결과를 기대하면서도 불안한 마음은 왠지 떨칠 수가 없었다.

검사결과는 역시 예측한 대로다. 시간을 지체하지 말고 입원수속을 취해달라는 주치의의 퉁명스러운 말소리뿐이다. 아내는 태연한 표정으로 입원수속을 밟고 있지마는 얼굴엔 근심이 가득하다. 서둘러 입원수속을 마치고 2층 중환자실로 발길을 옮겼다. 중환자실 복도 대기실에는 입원환자의 보호자들이 10여 명이나 걱정스레 힘없이 복도를 지키고 있었다. 내가 저 병실에 들어가 있으면 나의 아내도 저들처럼 여기에서 쪼그리고 남편의 병실을 쳐다보겠지… 맥없이 병실에 들어서자 나를 전담할 간호사로부터 병실수칙을 읽어보라는 것이었다. 그리고 나의 경우는 앞으로 2일 이상 중환자실에서 응급치료를 받아야 한다고 미리 알려 주었다.

그리고 난 후, 간호사는 심전도 모니터가 달린 아이부이 폴대를 가져오더니 혈전응고 방지를 위한 약물과 수액을 연결하여 나의 왼쪽 손등에 주사를 놓기 시작했다. 주사액이 한 방울 두 방울 떨어지면서 심전도 기록지에는 1분에 50회도 안 되던 맥박이 60회에 가까워지고 조이던 가슴은 조금씩 시원하게 호전되어가고 있었다.

어둠이 깔린 병실 안팎에서 북적이던 외래환자들마저도 이제는 보이지 않고 대낮같이 어둠을 밝혀주는 형광불빛만이 깊어가는 중환자실의 첫날밤을 실감케 해주고 있었다.

밤이 깊어갈수록 중환자실 안의 여기저기에서 몸부림치는 신음소리와 주사공포증으로 간호사와 필사적으로 승강이를 벌이고 있는 옆방 할아버지의 안타까운 모습이 계속 되었다.

인간은 누구나 뜨는 해를 예찬하고 지는 해를 감탄하지 않는 이가 어디 있겠는가? 인생도 자연처럼 봄이 되면 꽃이 피고, 여름이면 싱그럽게 푸르르며, 가을이면 열매 맺고, 겨울 되면 낙엽처럼 사라지거늘, 자연의 이 섭리를 거역할 자 그 누구란 말인가?

병실의 밤은 점점 깊어만 가고 그렇게도 살려달라고 애원하던 4호실의 가냘픈 목소리도 이제는 더 이상 들리지 않는다. 간호사들의 발걸음만이 바쁘게 움직이고 있을 뿐이다. 보호자 대기실에서 웅성대던 아들딸들의 모습과 울음소리마저도 점점 멀어져가고 있다.

어제까지도 건강한 몸으로 천년만년 살아갈 것처럼 호언장담했던 중환자실 모두가 누구 하나 다를 바 없이 꺼져가는 등불처럼 점점 희미해져 가는 것을 막을 수는 없는 것… 그러나 누구나 죽음에 직면할 때면 믿음을 가진 자나 가지지 않은 자나 모두가 사라져버린 세월을 되돌아보고, 즐거웠던 일, 고달팠던 일, 씻을 수 없는 죄목을 숨김없이 고백하며 참회하는 마지막

순간을 가지는 것이 인간 본연의 자세이다.

창밖에는 동이 트기 시작한다. 오늘은 병인(病因)을 찾기 위한 심혈관 사진을 찍는 날이다. 심혈관 사진촬영을 위하여 시술실로 가는 순간에도 불안과 초조가 나를 괴롭혔다. 제발 관상동맥이 협착 되어 있지나 않았으면 하고 빌었다.

시술시작 40분이 지났을 즈음 갑작스럽게 가슴이 조이며 숨을 쉴 수 없을 정도로 통증이 찾아온다. 그러나 촬영 담당의사들은 조금만 참으라고 했다. 얼마 후 사진 촬영이 끝났다고 했다. 촬영결과는 저녁 회진 시간이 되어야 나온다고 했다.

기다리는 동안 불길한 예감은 환자의 심경을 사정없이 괴롭혔다. 병실을 찾은 주치의는 시술을 실시하는 3일 후까지 시술 방법들을 연구검토 하겠다며 이해하기 어려운 통보만을 남기고 돌아갔다. 시간이 흐르면 흐를수록 불길한 생각은 온통 머릿속을 뒤집어 놓고 있었다.

"선생님! 선생님! 제발 완벽한 재수술을 해주십시오." 하고 애원해보지만 주치의로부터는 재수술에 대한 확답을 받을 수가 없었다. 지난번에 흉부절개수술을 받았으므로 심혈관확장 방법이 최선의 길이라는 답변이다. 아! 재시술을 받지 않을 수가 없게 되었다. 또 다시 이 비참하고 초라한 모습을 두 아들과 며

느리에게는 보여서는 안 된다고 미리 집사람에게 얘기해 두었지만 아무래도 시술동의서 작성을 위하여 아이들이 불쑥 나타날 것만 같아 마음이 놓이지 않는다.

내일은 심혈관 협착 부위 확장을 위한 시술이 시작되는 날이다. 주치의와 간호사로부터 오늘밤은 편안하게 취침을 해달라고 신신당부가 있었건만 생사의 갈림길에 선 시술 전야의 불안과 초조는 도저히 잠을 이룰 수 없게 했다.

나는 뜬눈으로 그 밤을 지새웠다. 말끔하게 아침 세수까지 마치고 조용하게 시술 순위를 기다리고 있었다. 벌써 새벽 5시가 지났으니 앞으로 한 시간이 지나면 나는 시술실로 옮겨질 것이다. 시술 동의서를 작성하고 있을 아내와 두 아들 며느리들을 생각하면 왠지 눈시울이 뜨거워지는 것을 억제할 수가 없었다.

이윽고 시술실로 향하는 나의 이동침대는 중환자실 문을 나섰고, 내 육신은 그 순간 불안의 한계선상에서 생과 죽음의 극한 속에 떨고 있었다. 온 천지는 캄캄하고 아무것도 없는 공간 속에 나 홀로 던져진 듯했다.

차디찬 시술대 위에는 눈부신 시술 조명등만이 환자의 전신을 내리비추고 의사들은 파랗게 겁이 질린 환자의 몸을 여기저기 만지기 시작했다.

나는 조용히 눈을 감고 성당 미사에 참석할 때와 같이 마음을 가라앉히면서 평화의 기도를 드렸다.

'여기 하나님의 자녀가 된 이 요셉에게 절망이 있는 곳에 희망을, 어둠 속에 빛을 내려 주십시오…'라고 평화의 기도를 연거푸 되뇌면서 삶과 죽음(死)이 주는 의미를 다시 내 자신에게 물어보았다.

소택 형을 그리며

어제는 달포 만에 고향 소식을 전해들을 수 있었습니다. 경진년의 동짓달 어느 날 저녁이었습니다. 울진 신문 4면 상단에는 육촌(六村)장 소택 형의 작고 기사가 실렸습니다.

꿈을 이루지 않고는 가정조차도 이루지 않겠다던 당신이었습니다. 오로지 울진 읍내 석류다방 골방에서 '석류화실'이라는 간판을 걸어 놓고 조선호랑이를 비롯한 수묵화에 전념하면서 내일을 기약하시더니 이제는 그 호탕했던 목소리며 그 근엄하고 인자한 모습마저도 내 곁에서 영영 멀어져 다시 만날 수 없게 되었습니다.

인생은 종말이 있는 존재라 했던가요? 그러나 형이 꿈꾸던 일들을 접어 두고 그렇게 훨훨 떠나다니, 참으로 인생무상입니다. 형이 나에게 남겨준 유품이라면 생전에 몇 자 적어둔 소설 『산태극 수태극』이 유일한 선물이었습니다.

내가 형과 유별나게 가까워지게 된 사연도 지금은 한낱 흘러간 추억이 되었지만 그때의 우리들은 '삶과 가난'이라는 두 명제를 해결하기 위하여 고시를 준비하며 험난한 길을 같이 걷기로 결심했던 선후배 사이였습니다.

이후 고시에 낙방한 나는 허탈한 심정으로 형과 같이 고향 뒷산 바위에 걸터앉아 피라미 떼가 한가롭게 유영하는 왕피천 맑은 물을 내려다보면서 어린 아이처럼 퐁당퐁당 조약돌을 던지던 그때가 생각나서 가슴을 메이게 합니다.

내가 수험 준비를 일시 중단하고 군복무를 위하여 3년 여의 세월을 보내고 형을 찾았을 때에도 형은 언제나 나를 반갑게 맞이하여 주었습니다. 그러나 형의 장래를 기원하던 어머님은 세상을 떠나시고 안 계셨기에 가슴 속은 울고 있으면서도 나를 만날 때만은 태연하게 용기와 인내를 강조해 주었습니다.

제대 후 나는 근무처인 강원도 홍천으로 가게 되었으므로 새로운 생활환경에 적응하기 위하여 서로가 근황마저도 잊어버린 채 몇 년의 세월을 보냈습니다. 그러나 형은 그간 어려운 여건에도 불구하고 고달픈 정치행보를 시작했다는 소식을 여러 풍문을 통해 들었습니다.

어느 해 여름 해질 무렵, 청계천 3가의 삼오정 불고기 집에서 저녁식사를 할 때였습니다. 우리는 그동안 가슴속에 맺혔던 온갖 이야기들을 나누어가면서 밤이 깊어가는 줄도 모르고 눈물을 글썽이면서 거리를 헤매던 것이 어제인 듯합니다. 이제는 모두가 지난날의 그리운 추억이 되었습니다.

형은 술자리에 앉으면 곧잘 인생이 무엇이며, 삶이 무엇인지를 논하기를 좋아했습니다. 형이 강조하던 삶의 철학은 언제나 싸워서 이겨야한다는 행동철학이었습니다.

'추억은 언제나 아름다운 것, 현실은 항상 고달프며, 다가오는 미래만은 오지 않는 것이 현실이기 때문에 신비를 낳는 것'이라고 역설하던 때가 생각납니다. 물론 세월이 흐르다보면 고달픈 현재도 좋은 추억으로 간직되고, 미래의 신비 또한 영원할 수만은 없는 것이기에 어찌 보면 인간은 추억을 남기기 위하여 인생을 사는지도 모르는 것입니다.

보석같이 소중했던 아름다운 추억과 가슴 아프고 외로웠던 추억들을 모두 이승에 남겨 두시고 저승으로 훌쩍 떠나신 소택형! 역시 인생이란 일장춘몽이라더니, 홍안의 청소년 시절이 엊그제 같건만 벌써 형은 이승에서 할 일을 다 마쳤단 말입니까?

이제 일주일만 지나면 이 해도 다 가고 새해가 또 다시 찾아오겠지요. 사람들은 모두가 지난 한 해를 되돌아보면서 저 멀리 동쪽 하늘의 새해를 쳐다보며 또 다시 저마다의 소원을 기도하겠지요. 하지만 형만은 패기 넘치던 젊은 날의 기백을 앞세워서 이승에서 다하지 못한 금배지도 달아보시고 온갖 소원들을 저승에서라도 마음껏 풀어 보소서….

밤이 깊어 갑니다. 칼같이 매서운 동지섣달 차가운 바람이 북악을 휘몰아치며 밀려옵니다. 그러나 머지않아 겨울이 가고 봄이 오면 새싹은 솟아날 것입니다.

『산태극 수태극』의 표지에 실린 호탕했던 이승에서의 그 모습을 기억하면서 삼가 명복을 빕니다. 오늘도 옛날 우리들이 왕피천 강가에서 저녁달이 뜰 때에 술 취해 읊어보던 추억을 적어 봅니다.

왕피천 강 위에도 달이 뜨는구나
동해에서 목욕재계 솟은 달아
너는 나의 희망, 모정의 호롱불이었건만
무정한 세월이 모정만 남겼구려
기쁜 날이면 즐겁게 웃어주고
슬픈 날이면 소리내어 울어주던
그리운 그 목소리 그리운 모정이여
저 달이 영원하듯 모정도 영원하구나.

푸르지오 둘레길을 걸으며

푸르지오 둘레길은 나의 성당 미사참예 길이다.

주일이 되면 힘없는 다리에 비탈길을 올라야 하는 수고가 있지만 국향이 진동하는 이 길을 걷는 것이 나에게는 큰 즐거움이다.

언덕 높이라야 고작 50미터에 불과 하고 경사 30° 정도 밖에 안 되는 낮은 언덕이다.

이 오름길은 동네 아낙네들이 체력 단련을 한다고 거의 매일 숨을 헐떡이며 아침, 저녁으로 걸어보는 건강 코스이기도 하다.

정상 부근에 오르면 20여 킬로미터까지 시야가 확 트여 영등포 전철역을 비롯해 타임스퀘어상가, 롯데백화점 그리고 저 멀리 국회의사당까지 눈앞에 훤히 전개되고 멀리 한강이 유유히 흐르는 장관까지 볼 수 있는 언덕이기도 하다.

그 언덕길 정상쯤에 천주교 도림동 성당 종탑이 우뚝 솟아 있어 이 종탑을 중심으로 도로 양쪽에는 큰 행사라도 있는 듯 많은 승용차들이 줄지어 서 있다.

이 도로변의 푸르지오 아파트 울타리에는 150cm 정도 높이의 붉은 벽돌과 시멘트 복합으로 조성된 벽돌 담장이 있어 질서정연하기까지 하다.

울타리를 따라 십여 미터 간격으로 심어진 미국 측백이며 느티나무, 잣나무, 그리고 미루나무들까지 꽉 들어찬 숲속은 아침, 저녁 까치네 가족들이 이리저리 날며 서로서로 인사와 사랑을 나누는 곳이기도 하다.

차츰 발걸음이 가벼워지니 벌써 성당 종탑이 있는 언덕 마루에 서 있다.

성당 저 너머로 보이는 30층 LG자이 아파트의 103동 104동, 그 너머로 102동이 자리하고 있으니 성당 주변은 온통 아파트 숲으로 둘러 싸여있다.

도림동 성당은 부지가 넓기로 서울 소재 성당 중에서도 몇 안 되는 큰 성당으로 성지(聖地) 지정을 앞두고 있는 곳이기도 하다.

성당 중앙광장에는 120~200여 년이 넘는 두 그루의 은행나무 거목이 성당을 더욱 돋보이게 하고 있다.

가을이 깊어가니 가지마다 노랗게 익어있던 은행들이 땅바닥에 떨어져 흩어져 있다. 떨어진 은행들로 풍년을 알리고 있다.

우리 성당은 구역 면적 3,200여 평으로 성당 중앙광장 양면에는 회랑 등이 밤길을 밝혀 주는 가하면, 4~5미터마다 십자가의 길 14처가 자리하고 있으니 저녁 미사에 찾아오는 신자들의 발걸음을 가볍게 만들어준다.

성당 앞에 도착하면 먼저 성모상에 두 손을 모아 기도를 올리고 고개를 돌려보면 30여 년이 훌쩍 지난 참솔나무마저 다소곳이 허리를 숙인 채 성모상을 지키고 있다.

그리고 성모상 좌우로는 10년을 넘긴 듯한 장미들이 성모상을 에워싸고 얽히고설켜 출렁이며 미사 참여 하는 신자들 가슴을 은혜롭게 해 준다.

바람이 불때마다 흔들리는 몇 그루 참대가 바람 따라 이리저리 몸을 흔들며 성당에서 들려오는 기도 소리를 엿듣고 있다. 성당 본관 사무동을 따라 몇 발자국 발을 옮기면 성인의 이름을 딴 4층 건물인 돈보스코 유치원이 자리하고 2백여 명의 유치원생들이 뛰놀며 교리 공부를 하고 있기도 하다. 유치원을 뒤로 하고 2백평방미터 남짓한 소공원으로 들어서면 편백나무를 비롯한 느티나무, 청단풍, 사철나무, 회양목, 그리고 철쭉들이

고루 심어져 산책로가 퍽이나 조화롭기까지 하다.

잘 가꾸어진 공원을 나오면 2016년도에 신축된 7층 건물 이현종관이 있어 29명의 사목(事牧) 신부님들을 만날 수 있는 곳이기도 하다.

그리고 푸르지오 아파트 둘레길을 따라 조금만 걸어 내려오면 왼쪽으로 아파트 단지의 유일한 영원초등학교가 자리하고 8, 9백여 명의 학생들이 6학년까지 학급당 20여 명의 학생들로 쾌적한 환경에서 모범적인 교육을 받고 있는 곳이기도 하다.

사시사철 많은 시민들이 오고 가며 여가를 즐길 수 있는 아파트 둘레길이 여간 행복한 길이 아닐 수 없다.

걷고 또 걸으면서 울타리 담장에 매달려 있는 담쟁이 넝쿨의 열매가 검은 포도송이처럼 주렁주렁 매달려 건강 달리기에 정신 잃은 우리를 즐겁게 맞아 주며 가을이 익어가는 결실의 참뜻을 알려주기도 한다.

둘레길 따라 걸어가는 사람도 쏜살같이 지나가고 하얀 승용차도 버스도 차창에 얼비치는 승객조차도 사람 사는 이 동네의 풍경이다. 길 건너 여기저기에는 수많은 상점들, 그리고 이곳 시민 생활을 담당하며 골목길을 차지하는 먹자골목도. 날마다 맞이하는 이웃들과의 눈인사. 이 모두가 그늘 없이 살아가는 푸르지오 아파트 둘레길에 그려진 사람 사는 모습이기도 하다.

둘레길은 2킬로미터 남짓하지만 담장 따라 심어진 푸르른 느티나무, 잣나무, 단풍나무 등 푸른 숲이 여름이면 그늘을 드리우고 신선한 공기도 공급해 주고 있으니 이웃들만큼이나 고마움을 나누어 준다.

이렇게 둘레길을 한 바퀴, 두 바퀴, 세 바퀴만 걷고 나면 젊은이나 늙은이 모두가 단란한 이웃이 되고 사랑을 나누며 살아가는 가족이 된다.

이같이 주위 환경이 잘 갖추어진 아파트 단지에서 오늘도 둘레길을 걷는 즐거움으로 내 인생을 살고 있는 것 모두가 하늘이 내려준 축복이라 여긴다.

언니의 명복을 빌며

이 영 자 (저자의 아내)

짧은 인생 발버둥치고 아우성치며 고달파했던 세월도, 서로가 즐거웠던 일도 이제는 모두가 지난날의 한순간일 뿐입니다.

돌이켜 생각해보면 내가 중학교 시절 어느 여름날 신혼의 언니 집을 찾아가 울타리에 새까맣게 매달린 뽕나무 열매 오디를 따 먹느라 입술을 보랏빛으로 물들여 언니 시집 식구들에게 웃음꽃을 자아내게 했던 일이 떠오릅니다.

뿐입니까, 들판으로 달려가 벼포기에 매달린 메뚜기를 잡으려고 강아지처럼 뛰어다니던 모습을 보고 언니의 시어머니께서 사돈처녀 귀엽다 하시면서 손을 잡아 주시던 때가 어제인 듯 떠오릅니다. 그 모두가 언니가 남겨 주신 추억이지요.

벼가 누렇게 익어가는 가을, 언니와 형부가 손을 잡고 서울 친정을 찾아왔을 때 아버지도 어머니도 대문 앞에 나가서 시골 사는 사위 내외를 맞이하던 지난 세월이 잊히지가 않네요.

언니가 아들, 딸, 손자들이 커가는 그 모습 속에 행복해 하며 즐거워하던 한때도 이제는 꿈인 양합니다.

언니! 불러보고 싶은 입술마저도 말라버린 가랑잎처럼 바스락거릴 뿐 소리가 되어 나오지 않습니다. 안타까운 이별이 쉽게 올 줄 알았으면 그렇게도 조급하게 애걸복걸 살지 말 걸 그랬습니다.

밀려오는 슬픔이 되어 강물 되어 내 가슴속으로 흘러내립니다.

'영숙아!' 하고 전화 속에서 외치던 카랑카랑하던 그 목소리를 이제 다시는 들을 수가 없구려.

"왜 그리 전화도 안 하니? 소식이 궁금하구나. 날씨 풀리면 너의 가족 모두 분천에 내려와서 점심 식사 하자꾸나." 하시던 당부의 그 목소리 어제인 듯한데 이제 다시 들을 수 없다니요.

내 삶에 지쳐서 바쁘다는 핑계로 이참 저참 하면서 미루고 미루었더니 다시는 뵐 수 없는 세상으로 가셨네요.

봄이 오면 이름 모를 새들이 뒷동산에서 울고, 울긋불긋 아름다운 꽃들도 피고 지며 또 세월은 가겠지요.

가끔이라도 찾아가보고 싶어도 언니 없는 분천땅은 내 발길을 멀게만 합니다.

언니, 부디 천당에 가서 이 세상 무거웠던 짐 다 벗어버리고 편히 쉬시길 빕니다.

2010년 12월 9일 동생이